Angeline Bauer

Liebeskummer

pickup

Angeline Bauer

Liebeskummer

Die besten Rezepte, um wieder lachen zu können

Bibliografische Information der Deutschen Bibliothek
Die Deutsche Bibliothek verzeichnet diese Publikation
in der Deutschen Nationalbibliografie; detaillierte bibliografische
Daten sind im Internet unter http://dnb.ddb.de abrufbar.

Textredaktion: Birgit Lebek
Umschlaggestaltung: ZERO Werbeagentur, München
Umschlagmotiv: FinePic, München
Produktion: Ortrud Müller
Satz: EDV-Fotosatz Huber/Verlagsservice G. Pfeifer, Germering
Druck und Bindung: Alcione, Trento
Printed in Italy

ISBN 3-7205-2618-6

Inhaltsverzeichnis

1. ZUM GELEIT 7

2. DIE LIEBE UND DER LIEBESKUMMER 11

3. REZEPTE GEGEN LIEBESKUMMER 25

So überwinden Sie die Fixierung auf den Partner 25

So bekommen Sie ein besseres Selbstbewusstsein 27

So bekommen Sie Ihre Gefühle in Griff 29

So bekämpfen Sie Ihre negativen Gedanken . . 34

So überstehen Sie den ersten Liebeskummer . . 39

So nutzen Sie die Heilkraft der Natur gegen Ihren Liebeskummer 43

So bekämpfen Sie Ihre Einsamkeit 49

So schöpfen Sie Kraft aus Ihrem Kummer . . . 58

So finden Sie heraus, ob Ihre Beziehung Ihnen gut tut 70

So besiegen Sie die Eifersucht 84

4. SO MACHEN SIE SICH SELBST WIEDER GLÜCKLICH ... 89
Imaginationen ... 89
Rituale ... 98
Meditation – ein Weg zur eigenen Mitte ... 101

5. EIN GRUSS ZUM SCHLUSS ... 108

6. WO SIE HILFE BEKOMMEN ... 109

7. DIE AUTORIN ... 112

Zum Geleit

Wende dich der Sonne zu
dann fällt der Schatten hinter dich

THAILÄNDISCHES SPRICHWORT

Der Mensch, den wir am meisten lieben, verlässt uns, und wir können nichts dagegen tun! Das kommt einem Weltuntergang gleich. Alles, was uns wertvoll und wichtig erscheint – Sicherheit, Geborgenheit, Wärme, Vertrauen, Zukunftspläne und Gewohnheiten, die uns mit dem Partner verbinden –, ist uns von einem Moment auf den anderen genommen geworden. Unser Leben bricht zusammen wie ein Kartenhaus, der Schmerz zerreißt uns schier, und je mehr wir uns auf den anderen ausgerichtet haben, desto tiefer stürzen wir dabei. Es ist eine Katastrophe von so enormem Ausmaß, dass viele Menschen im ersten Moment glauben, sie nicht überleben zu können.

Tatsächlich ist es oft ein weiter, schmerzvoller Weg, die Trauer um den verlorenen Partner zu bewältigen. Ein Weg, der von Angst, Schuldgefühlen, Selbstzweifel, Wut und Hoffnungslosigkeit begleitet wird. Ein Weg durch ein dunkles Tal, der aber zurück ans Licht führen *muss*, wenn der Betroffene wieder ein normales, glückliches Leben führen will.

Dabei möchte dieses Buch helfen.

Für die erste Zeit, in der der Schock noch so tief sitzt, dass man oft keinen Ausweg mehr sieht, finden Sie praktische Tipps und Affirmationen für den Alltag.

Imaginationen, Rituale und Meditationen werden Ihnen schließlich dabei helfen, wieder zu sich zu finden und neue Zukunftsperspektiven zu entwickeln.

Affirmationen sind Sätze, die von uns selbst sprechen, positiv auf das Unterbewusstsein wirken und Kraft geben. Eine einfache Affirmation wäre: *Ich bin O.K.*

Leidet man an Liebeskummer, ist man oft auch pessimistisch, wird von Ängsten und negativen Gedanken gequält. Das ist ein Nährboden, auf dem sich schnell eine handfeste Lebenskrise entwickelt. Um dem entgegenzuwirken, kann man auf Affirmationen zurückgreifen. Das Gute daran: Sie lassen sich immer und überall anwenden, auch wenn man gerade nicht alleine ist oder man keine Zeit für eine ausgedehnte Imagination oder Meditation hat.

Dabei sollten Sie beachten, dass man eine Affirmation grundsätzlich dreimal wiederholen sollte. Denn was dreimal gesagt ist, wird wahr. Diese ›magische Weisheit‹ kennen wir aus der Bibel, aus unzähligen Märchen und Mythen und aus alten Zaubersprüchen. Sagen Sie sich selbst morgens und abends und je nach Bedarf dreimal die Affirmationen, die Ihnen auf den folgenden Seiten mit auf den Weg gegeben werden, um negativen Gedanken oder schlechten Gefühlen entgegenzuwirken. Übrigens müssen wir eine Affirmation nicht unbedingt glauben. Es ist sogar ganz natürlich, dass wir vom Inhalt einer Affirmation nicht überzeugt sind, sonst bräuchten wir sie ja nicht. Sie hilft aber trotzdem! Wichtig ist jedoch, dass wir sie uns – laut oder im Stillen – deutlich und in überzeugendem Ton vorsagen.

Folgendes Sprichwort ist als Affirmation sehr gut geeignet und soll Sie auf dem Weg durch dieses Buch begleiten:

Nicht traurig, weil vorbei, sondern glücklich, weil gewesen.

Sagen Sie sich diesen Satz morgens und abends und je nach Bedarf dreimal, oder schreiben Sie ihn auf einen bunten Karton, rahmen Sie diese Karte ein und stellen Sie den Rahmen auf Ihren Schreibtisch. Natürlich können Sie dasselbe mit jeder anderen Affirmation machen, die Ihnen wichtig erscheint.

Eine weitere Möglichkeit, eine Affirmation zu verstärken, ist das Hinzufügen eines Rituals.

Zünden Sie, während Sie sagen *Nicht traurig, weil vorbei, sondern glücklich, weil gewesen* eine Kerze an.

Mit diesem Ritual bringen Sie symbolisch Licht in Ihr Leben. Natürlich können Sie, weil Sie vielleicht gerade mit dem Zug unterwegs sind und schlecht eine Kerze anzünden können, die Affirmation auch ohne Ritual anwenden. Wichtig ist aber, dass Affirmation und Ritual aneinander gebunden bleiben. Für eine andere Affirmation denken Sie sich deshalb unbedingt ein neues Ritual aus.

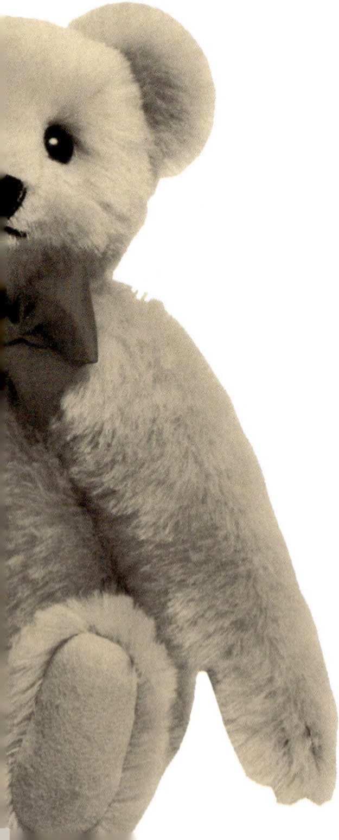

Die Liebe und der Liebeskummer

> Liebe ist ein Brunnen,
> aus dem man nur
> so lange schöpfen kann,
> wie man ihn füllt
>
> ANGELINE BAUER

Wollen wir eine lebenslange glückliche Beziehung führen, ist es wichtig, zwischen Liebe und romantischer Liebe zu unterscheiden. Romantische Liebe ist oft blinde Hingabe, gepaart mit übergroßen Erwartungen, die der andere auf Dauer aber gar nicht erfüllen kann. Deshalb wird und muss sie früher oder später enttäuscht werden. Wirkliche Liebe hingegen hat auch Platz für das, was uns am anderen nicht so gut gefällt und stellt keine unrealistischen Forderungen an ihn und die Beziehung.

Die romantische Liebe sagt: *Du musst mich glücklich machen.*

Die wahre Liebe sagt: *Ich bin glücklich, dass es dich gibt.*

Die westliche Idee von der romantischen Liebe ist nichts anderes als eine folgenschwere Verwechslung. Wir verwechseln die Liebe mit verliebt sein.

In der Phase des Verliebtseins hat die Welt keine Angeln mehr. Wir haben das Gefühl, im anderen gefunden zu haben, was uns fehlt und darum endlich ganz zu sein. Plötzlich glauben wir, den Sinn des Lebens erkannt zu haben. Alles ist von einer ungeheuren Intensität, die uns beflügelt und berauscht und weit über den Alltag hinaushebt. Wie wunderbar für den, der das erleben darf – wie folgenschwer aber, wenn Sie erwarten, dies müsse nun für ein ganzes Leben so bleiben. Die unbewusste Forderung, der Geliebte und Partner müsse dieses ekstatische Gefühl nun fortwährend verschaffen, ist das Aus für ein anhaltendes und warmes Gefühl von Zuneigung und Geborgenheit. Verklingt das berauschende Gefühl der Ekstase dann eines Tages, werden Sie unzufrieden sein und suchen es bei einem neuen Partner. So werden Sie nie erleben, was es heißt, in einer Beziehung zu einem Menschen, auf den Sie sich verlassen können, zu Hause zu sein.

Weil unsere westliche Gesellschaft die romantische Liebe zum Ausgangspunkt von Glück und Erfolg gemacht hat, sind vor allem Frauen – in zunehmendem Maße aber auch Männer – unter Druck geraten. Ob wir Erfüllung in der Liebe finden, ist zum Maßstab unseres persönlichen Erfolges geworden, und schaffen wir es nicht, ein Traumpaar zu sein und die romantische Liebe zum Mittelpunkt unserer Beziehung zu machen, haben wir versagt. Dann ist nicht nur die Beziehung, sondern wir selbst sind gescheitert.

Was aber wäre eine Alternative zur romantischen Liebe?

Die ›reife Liebe‹, die das schwindende Gefühl von Verliebtheit und Ekstase durch Zuwendung, Achtung und die Bereitschaft, Verantwortung für die Partnerschaft zu übernehmen, ersetzt.

Weil aber in unserer westlichen Gesellschaft die romantische Liebe in den Mittelpunkt gerückt wurde, spielt auch der Liebeskummer eine so außergewöhnlich große Rolle. Man hängt sein ganzes Herz an einen Menschen, macht sein Glück von ihm abhängig. Aus dieser Erwartung heraus erwächst Enttäuschung, aus der Enttäuschung Frust und Kummer. Schließlich sucht man bei einem neuen Partner das, was man vom anderen nicht mehr bekommt, Trennung ist die Folge.

Oder – auch das ist keine Seltenheit – man hängt sein Herz an jemanden, der diese Liebe nicht erwidert, nie erwidert hat. Und weil sich diese Liebe niemals beweisen kann und muss, wird sie in manchen Fällen zu einem lebenslangen Trugbild, einer Art Fata Morgana von Glück, nach der sich der Betroffene verzehrt.

Die vier Arten von Liebeskummer

> Liebe ist das Segel an dem Boot,
> auf dem wir über den Ozean
> des Lebens gleiten
>
> ANGELINE BAUER

Die Charaktere der Menschen lassen sich in vier Temperamente einteilen.

- Der Choleriker – energiegeladen, impulsiv, und reizbar.
- Der Melancholiker – zuverlässig, träge, schwerfällig.
- Der Phlegmatiker – verträumt, gefühlsbetont, grüblerisch.
- Der Sanguiniker – heiter, aktiv, unruhig bis unbeständig.

Die Grenzen sind fließend, Mischtemperamente üblich. Ein ›reiner‹ Choleriker mit stark ausgeprägtem Temperament ist ein Mensch, der bei jeder Gelegenheit sofort Rot sieht, losbrüllt und wenn es schlimm kommt, in seiner Wut auch gewalttätig werden kann. Aber meist trägt ein cholerisch veranlagter Mensch auch etwas von einem der anderen Temperamente in sich, was ausgleichend auf seinen Gemütszustand wirkt.

Wie wir mit unserem Liebeskummer umgehen, hängt davon ab, welchem Temperament wir zuzuordnen sind.

- Der Choleriker neigt im Liebeskummer dazu, um sich zu beißen, seine Wut an anderen auszulassen, die Schuld für das Scheitern der Beziehung beim Partner zu suchen, seine Liebe in Hass umzukehren.
- Der Melancholiker zerfließt im Selbstmitleid, denkt nur noch an sein Unglück und redet von nichts anderem, lässt sich gehen, flüchtet sich in Depressionen.
- Der Phlegmatiker ist wie gelähmt, kann sich nicht aufraffen, auch er lässt sich gehen, wäscht sich nicht mehr, räumt nicht mehr auf, leidet lieber wie ein Hund, statt etwas an seiner Situation zu verändern.
- Der Sanguiniker überspielt seinen Schmerz, zeigt Galgenhumor und stürzt sich gleich wieder in neue Abenteuer.

Aber eines ist bei allen gleich: Ihr Verhalten ist ein Abwehrmechanismus. Liebeskummer schmerzt, der Schmerz will nicht ausgehalten werden, der Betreffende sucht nach einem Weg, *seinem* Weg, den Schmerz nicht zu spüren. Eine sehr verständliche Reaktion. Wer legt schon gern den Finger aufs Brett, wenn einer mit dem Hammer davor steht, um darauf zu schlagen?

Und doch ist es erwiesen, dass der Schmerz je

schneller zu bewältigen ist, desto intensiver wir uns mit ihm auseinander setzen.

Auseinander setzen meint dabei zu trauern, statt im Selbstmitleid zu baden, und sich selbst mit der Realität zu konfrontieren und zu lernen, diese auszuhalten. Man muß den eigenen Schwächen aktiv entgegentreten und neue Impulse setzen, um den Schmerz zu überwinden und positiv in die Zukunft blicken zu können.

Wenn Ihnen in Folge manche Übungen und Ratschläge für Sie persönlich unpassend erscheinen, denken Sie daran, dass es diese vier verschiedenen Temperamente gibt, und dass für den einen richtig und wichtig sein kann, was für den anderen keine Lösung ist. Auch darf nicht vergessen werden, dass sich Liebeskummer bei unterschiedlichen Menschen auch unterschiedlich auswirken kann. Das heißt, der eine leidet mehr und benötigt tiefer greifende Hilfe, dem anderen dagegen fehlt vielleicht nur der eine oder andere Denkanstoß, um wieder nach vorne blicken zu können.

Sind Sie ein Choleriker? Dann ist für Sie das Stampfen eine sinnvolle Übung, weil Sie dabei Ihre Wut ›ablassen‹ können und sich gleichzeitig ›erden‹. Doch zum Ausgleich sollten Sie sich auch auf das weiche Element Wasser und einen Menschen einlassen, der Sie trägt.

Wenn Sie ein Melancholiker sind, ist der Rat, »Lach doch mal wieder, nimm dich nicht immer so ernst!«, bestimmt sinnvoll – für den Sanguiniker, ist es allerdings ein schlechter Rat. Er sollte in sich gehen. Die Stille Meditation fällt ihm sicher schwer, aber gerade darum ist sie gut für ihn. Denn: *Was Sie schon können, brauchen Sie nicht mehr zu lernen. Das, was Ihnen schwer fällt, ist für Sie wichtig und hilfreich*!

Auch Liebeskummer erfordert Trauerarbeit

> Jedem Ende wohnt ein
> neuer Anfang inne
>
> SPRICHWORT

Würde man Liebeskummer zu den Krankheiten zählen, müsste man genau genommen von einer Epidemie sprechen – denn welcher Mensch wurde nicht schon einmal oder gar mehrere Male davon befallen? Überall, wo geliebt wird, wird auch verlassen, und wo verlassen wird, bleibt meistens einer im Kummer zurück.

So viele Lieben es gibt, so viele Wege müssen gesucht werden, über den Verlust eines geliebten Menschen hinwegzukommen. Doch je tiefer der Kummer sitzt, desto wichtiger ist es, sich mit seinen Gefühlen intensiv auseinander zu setzen.

Trennung erfordert Trauerarbeit, denn verdrängte, nicht bewältigte Trauer ist wie ein Geschwür, das sich im Innersten verkapselt hat, um dann an unpassender Stelle um so heftiger wieder aufzubrechen.

Der natürliche Ablauf eines Trauerprozesses kann in drei Hauptphasen eingeteilt werden.

Das Erstarren

Der Verlassene will die Trennung nicht wahrhaben. Er hält sich an der Hoffnung fest, dass alles doch noch gut werden wird. Die Zahnbürste des anderen bleibt neben der eigenen stehen, die Marmelade, die nur er isst, wird im Kühlschrank belassen, und wenn die eigene Mutter anruft und sich nach dem Partner erkundigt, wird die Wahrheit verschwiegen oder sogar gelogen.

In diesem Zustand ist der Verlassene oftmals sogar bereit, Zugeständnisse zu machen, die sich gegen ihn selbst richten würden. So ist man bereit, für den Partner auf manches zu verzichten, das einem sehr wichtig ist, wie beispielsweise ein beruflicher Aufstieg oder alte Freundschaften.

Alles erscheint dem Verlassenen besser, als die Trennung zu akzeptieren und sich ernsthaft mit neuen Lebensperspektiven auseinander zu setzen.

Das Wechselbad der Gefühle

Langsam dringt es zu einem durch: Mein Partner meint es ernst, es führt kein Weg zurück! Trauer, Hoffnungslosigkeit, Kummer und Schmerz, Sehnsucht, aber auch

Wut und Rachegefühle wechseln sich nun ab. Nichts anderes hat im eigenen Leben mehr Platz – es wird nur noch vom Expartner gesprochen, am liebsten möchte man sein Haus anzünden, im nächsten Moment jedoch umarmt man schluchzend das Kopfkissen, das noch so wunderbar nach ihm riecht, man schmiedet Zukunftspläne, verwirft sie aber drei Tage später bereits wieder ...

Diese Zeit ist oft sehr anstrengend für den Betroffenen und seine Umgebung. Doch so widersprüchlich die oben genannten Gefühle auch sein mögen, sie gehören zur zweiten Trennungsphase und müssen ausgehalten werden.

Das Loslassen und sich trennen

In der dritten Phase wird der Schlussstrich gezogen. Es tut noch weh, aber der Verlassene versöhnt sich mit seinem Schicksal. Er orientiert sich neu, blickt wieder nach vorne, versucht, seine Pläne wirklich durchzuführen. Es wird nicht mehr nur von einer neuen Wohnung geredet – sie wird auch gemietet. Nicht jede neue Bekanntschaft wird mit dem Expartner verglichen, nur um zu dem Schluss zu kommen, dass der ›Neue‹ dem ›Alten‹ nicht das Wasser reichen kann. Endlich wird auch die alte, angeschimmelte Marmelade weggeworfen und das Fotoalbum von früher kann durchgeblättert werden, ohne in Tränen auszubrechen.

Dieser dritte Schritt ist besonders wichtig, denn wer die Trennung nicht akzeptiert, wird ewig Hass und Groll für den Expartner empfinden. Und Hass bindet. Wer aber nicht frei ist, kann sich auch nicht wirklich einer neuen Liebe zuwenden.

Die drei Phasen können unterschiedlich lange andauern, und die Grenzen sind oft verwischt. Wenn jedoch die Trauer um die verlorene Liebe nach etwa drei Jahren nicht abgeschlossen ist, ist die Gefahr des ›sich verlierens‹ gegeben. Psychologen sprechen dann von ›Trauerkrankheit‹.

Ist das der Fall, sollten Sie sich unbedingt an einen Psychotherapeuten wenden.

Sie sind jetzt erschrocken, und der kleine Mann in Ihrem Ohr hat Ihnen zugeflüstert: »Unsinn, du bist doch nicht krank im Kopf, bloß weil du nicht aufhören kannst, um deinen Expartner zu trauern!«? Antworten Sie ihm, dass Psychotherapie nichts mit Psychiatrie zu tun hat.

Ein Psychotherapeut hilft dabei

- sich der Realität zu stellen, innerlich Klarheit und Ordnung zu schaffen,
- alte, festgefahrene Verhaltensmuster loszulassen und durch neue, für Sie sinnvollere zu ersetzen,
- liebevoller mit sich selbst umzugehen.

Der Grund, warum wir in Seelenangelegenheiten nicht immer ohne fremde Hilfe zurechtkommen, liegt darin, dass wir dem Schmerz lieber ausweichen und nicht wirklich hinsehen wollen. Ich nenne solche Ausweichmanöver das Hasenjagdsyndrom. Immer dann, wenn wir kurz davor sind ›auf den Punkt zu kommen‹ und unsere Probleme zu erkennen, macht unser innerer Hasenfuß eine plötzliche Kehrtwendung und haut in die andere Richtung ab. Doch der Psychotherapeut kennt diese Mätzchen, nimmt den Klienten liebevoll an die Hand und hilft ihm mit sanfter Bestimmtheit, den Blick wieder auf das Wesentliche zu richten.

Doch hat man die Trennung akzeptiert und den Kummer überwunden, hat man wieder zu sich selbst gefunden und ist offen für Neues, dann hat der Liebeskummer stark gemacht. Ähnlich wie nach einer überstandenen Erkältung hat sich das seelische Immunsystem gestärkt. Dann kann man stolz durchatmen und wieder vertrauensvoll in die Zukunft blicken, denn man hat ein Selbstwertgefühl entwickelt, das losgelöst vom Partner ist und man weiß: Ich geh nicht unter, denn ich kann auch solch ein schlimmes Gefühlschaos überwinden.

Nun fragen Sie sich vielleicht, warum Sie sich die Mühe geben sollen, etwas an Ihrer Situation zu ändern, wenn ohnehin schon alles festgelegt und in Phasen eingeteilt ist. Die Antwort lautet, dass man bei aller Trauer für sein Lebensglück selbst verantwortlich bleibt. Natürlich heilt die Zeit (fast alle) Wunden, aber nur, wenn man aktiv daran mitarbeitet. Wie lange eine Phase dauert, hängt also auch von Ihnen ab.

Affirmation: Wenn ich mich dafür öffne, kann ich glücklich sein – auch jetzt!

Liebeskummer – Dauerkrise

> Lieber ein Licht anzünden,
> als über Dunkelheit klagen
>
> CHINESISCHES SPRICHWORT

Vielleicht haben Sie sich bereits entschlossen, sich vertrauensvoll an einen Therapeuten zu wenden. Trotzdem können Sie auch selbst etwas für sich tun, um die Zeit bis zum ersten Termin mit Affirmationen, Übungen und Meditationen zu überbrücken.

Menschen, die ihren Liebeskummer auch nach vielen Jahren nicht überwinden konnten, haben ihren Expartner meist *glorifiziert* – oder das Gegenteil davon: Sie wollen von ihrem Hass nicht loslassen. Dadurch bleiben sie emotional an den Expartner gebunden, der Liebeskummer wird zur Dauerkrise.

Es gibt Mechanismen, die sich nach Trennungen immer wieder feststellen lassen. Oft werden Fehler des Partners nach einer schmerzhaften Trennung einfach vergessen und seine – vielleicht in der Form gar nicht vorhandenen – positiven Eigenschaften in den Vordergrund gestellt. Die Schuld an der Trennung gibt man sich selbst, der Partner hatte gar keine andere Wahl. Diese Glorifizierung und die damit einhergehenden Selbstanklagen sind natürliche Prozesse in der zweiten Trennungsphase.

Verlieren wir uns aber in ihnen, unterdrücken den Zorn auf den Expartner und richten ihn dann gegen das eigene Ich, findet eine negative Fixierung auf ihn statt. Die Folge ist, dass der Liebeskummer nicht verarbeitet werden kann und der Verlassene zum Melancholiker wird, für den es nur noch seinen Kummer und sein Leid gibt, der nichts Neues mehr leben kann und für andere Menschen unerreichbar bleibt.

Wenn Sie Ihren Expartner auf ein Podest stellen und alle Schuld für das Scheitern der Beziehung bei sich selbst suchen, kann folgende Affirmation hilfreich sein:

Affirmation: Ich bin liebenswert.
Ich vertraue auf mich und übernehme nicht
die Verantwortung für sein/ihr Handeln.

Möglicherweise gehören Sie aber auch zu jenen Menschen, die sich im Hass verfangen haben? Der Effekt ist derselbe. Hass bindet und schadet vor allem uns selbst! So lange Sie den Expartner noch hassen und ihm alles Schlechte aufbürden, sind Sie nicht frei von ihm.

Unter diesen Vorzeichen kann Ihnen diese sinnvolle Affirmation helfen:

Affirmation: Dunkle Gefühle lasse ich los und öffne mein Herz für alles, was mir gut tut.

Hierfür gibt es auch ein passendes Ritual. Füllen Sie eine Schüssel mit Sand, nehmen Sie davon eine Hand voll auf und lassen den Sand, während Sie sprechen, in die Schüssel zurückrieseln. Durch dieses Ritual wird für Sie sichtbar, worum es geht: Loslassen und zurückgeben, was schadet.

Rezepte gegen Liebeskummer

So überwinden Sie die Fixierung auf den Partner

Die Stopp-Übung

Die ›Stopp-Übung‹ wird mit großem Erfolg in der Verhaltenstherapie angewandt:

Sie ertappen sich wieder einmal bei dem Gedanken, dass Ihr Expartner der einzig wahre Held ist und nur *er* Sie glücklich machen kann? Oder dass Sie ihn hassen, weil er Ihnen all das angetan hat? Dann rufen Sie sich sofort innerlich ›**Stopp**!‹ zu. Atmen Sie tief durch und nehmen Sie bewusst Kontakt zu Ihrer Umgebung auf. Sehen Sie sich um, registrieren Sie: Wo bin ich? Wer ist außer mir noch hier? Was geschieht gerade um mich her? Fühlen Sie auch in Ihren Körper hinein: An welchen Stellen verspanne ich mich? Halte ich die Luft an? Knirsche ich mit den Zähnen?

Sinn der Übung ist

- sich von der mentalen Ebene, wie Gedanken an den Partner und die Vergangenheit, ganz bewusst zu lösen,
- sich ins Hier und Jetzt zurückzuholen und wieder bei sich selbst anzukommen,
- bewusst wahrzunehmen, wie sich das, was wir denken und fühlen, auch körperlich auf uns auswirkt.

Zu Beginn wird die Stopp-Übung vielleicht sehr oft nötig sein, doch je häufiger sie durchgeführt wurde, desto länger hält sie vor.

Die ›Wenn-schon-denn-schon-Übung‹

Sie loben den Expartner in den Himmel und geben sich selbst die Schuld für die Trennung? Aber dann bitte richtig – übertreiben Sie, was das Zeug hält. Setzen Sie sich vor einen Spiegel und sagen Sie laut zu Ihrem Spiegelbild: »Nie wieder werde ich glücklich sein! Mein Leben ist gelaufen, alles ist nur noch sinnlos für mich! Es gibt keine Zukunft mehr, nie wieder werde ich lachen können! Nie werde ich eine Liebe finden ...«

Sie werden bald merken, wie lächerlich das ist. Nicht nur im übertragenen Sinne: So sind in Seminaren Menschen, die vorher glaubten, an ihrem Kummer zerbrechen zu müssen, bei dieser Übung plötzlich in Lachen ausgebrochen.

Natürlich ist der Liebeskummer dadurch nicht wie von Zauberhand weggewischt, aber er erhält dadurch auch nicht mehr den allumfassenden Stellenwert, sondern man kann schon bald wieder nach vorne schauen und Zukunftsperspektiven entwickeln.

So bekommen Sie ein besseres Selbstbewusstsein

Eine sehr einfache, aber dennoch wirkungsvolle Übung aus der NLP (Abkürzung für Neurolinguistisches Programmieren) ist das Umpolen. Diese Übung hilft bei Liebeskummer immer dann, wenn unser Selbstbewusstsein im Keller ist und wir uns nur noch negativ bewerten.

Sie kennen das ganz sicher aus eigener Erfahrung: Wenn Sie sich fortwährend sagen, »Das kann ich nicht!«, werden Sie in der betreffenden Sache auch garantiert scheitern.

»Das kann ich nicht!«, bedeutet in Wahrheit, dass Sie sich das nicht zutrauen oder dass Sie es gar nicht können wollen, da Sie Angst vor den Konsequenzen haben (Eigenverantwortung übernehmen zu müssen, diese Dinge dann in Zukunft immer selbst tun zu müssen, einen Fehler zu machen usw.).

Mit Sätzen, wie »Das kann ich nicht!« verstärken Sie die Versagensangst und werden die negative Prognose letztlich wahr machen. Wenn Sie hingegen sagen: »Ja, das trau ich mir zu, zumindest will ich es einmal versuchen!«, ist die halbe Miete auch schon gewonnen.

Weitere Negativformeln könnten beispielsweise lauten, »Niemand liebt mich«, »Immer geht alles schief« oder »Ich bin häßlich«.

Und wie heißt Ihre Negativformel? Vielleicht sind es ja sogar mehrere? Finden Sie es heraus, und ersetzen Sie sie durch Positivformeln.

Negativformel:	Niemand liebt mich.
Positivformel:	Ich bin liebenswert.
Negativformel:	Ich bin hässlich.
Positivformel:	Ich nehme mich so an, wie ich bin.
Negativformel:	Ich werde nie wieder eine Liebe finden.
Positivformel:	Auch für mich gibt es ein Glück.
Negativformel:	Immer geht alles schief.
Positivformel:	Was ich mit vollem Herzen und Überzeugung anpacke gelingt mir auch.

Nun tun Sie genau dasselbe, was Sie bereits von den Affirmationen kennen. Sie sagen sich diese neue Formel dreimal abends beim Einschlafen, dreimal morgens beim Aufwachen und tagsüber sooft es die Situation erfordert, beispielsweise immer, wenn Sie sich ungeliebt fühlen, vor. Es ist nicht so wichtig, ob Sie Ihre Formel laut oder in Gedanken sprechen, aber es sollte im festen Ton der Überzeugung sein.

Ganz sicher werden Sie schon bald spüren, wie Ihre Kraft wächst und Sie selbstständiger und zufriedener werden.

So bekommen Sie Ihre Gefühle in Griff

»Ich leide, es geht mir schlecht, und ich kann nichts daran ändern! Ich bin ›Spielball meiner Gefühle‹. Mein Herz, der Liebeskummer und vor allem mein Expartner sind schuld, dass es mir so schlecht geht. Er, meine Gefühle, mein Kummer haben mein Leben zerstört!«

Diese Haltung führt in eine Sackgasse. Wir machen uns zum Opfer: *Es geschieht etwas, wogegen ich machtlos bin, also muss ich auch nichts an mir und meinem Leben verändern.* Der Leidtragende ist man am Ende selbst!

Eine Möglichkeit, aus dieser Opferrolle herauszufinden, ist das Umpolen von passiv auf aktiv. Diese Opferrolle ist oft gepaart mit typischen Verhaltensmustern. Man beginnt, täglichen Pflichten nicht mehr nachzukommen, sich selbst, seine Wohnung und sein Umfeld zu vernachlässigen und dem getrennten Partner schließlich die Schuld an der eigenen Misere zu geben. Um aus dieser Opferspirale herauszukommen, müssen Sie selbst in die Verantwortung gehen. Als Opfer geben Sie Ihre Kraft ab, als Verantwortlicher gewinnen Sie sie zurück.

Wenn Sie sich selbst dabei ertappen, wie Sie beispielsweise morgens einfach im Bett bleiben und dies vor sich selbst mit Opfersätzen rechtfertigen, dann müssen Sie die Verantwortung übernehmen.

Sie müssen nicht mehr tun, als die Sätze in Powersätze umzuwandeln.

So werden Opfersätze zu Powersätzen:

Opfersatz: Ich bleibe im Bett, weil es mir so schlecht geht.

Powersatz: Ich bleibe im Bett, weil ich mich dafür entschieden habe.

Opfersatz: Ohne ihn ist alles so trist, meine Sehnsucht zieht mich runter, darum kann ich nicht mehr glücklich sein.

Powersatz: Ich leide, weil ich mich dafür entschieden habe.

Opfersatz: Weil er mich verlassen hat, fehlt mir die Kraft, aufzuräumen, aktiv zu sein.

Powersatz: Ich lebe in diesem Chaos und lasse mich gehen, weil ich mich dafür entschieden habe.

Sie erkennen den Unterschied? Wenn Sie heute wieder nicht Ihre Wohnung aufräumen wollen – O.K., es ist Ihre Sache. Aber durch die Powersätze, mit welchen Sie sich innerlich zur Verantwortung rufen, wird es nicht mehr jene destruktive Wirkung auf Sie haben. Der Unterschied liegt im inneren Standortwechsel. Solange Sie auf der Opferseite bleiben, verstärken Sie die Krise und rutschen unweigerlich immer tiefer hinein. Sobald Sie sich jedoch bewusst machen, dass nur Sie und kein anderer den Entschluss gefasst haben, zu handeln, wie Sie handeln, finden Sie zu Ihrer alten Kraft zurück.

Affirmation: Ich bin stark und kann selbst über mein Denken und Fühlen bestimmen.

Zur Unterstützung bietet sich hier eine Mini-Massage an, die den Energiefluss anregt und für klare Gedanken sorgt: Äußere Ohrmuscheln mit Daumen und Zeigefinger vom oberen Drittel bis zum Ohrläppchen etwa drei Minuten lang reiben und kneten.

Liebe ist reine Herzensangelegenheit

Dies ist ein Irrtum, denn alle Gefühle beginnen im Kopf! Diese Behauptung schockiert viele Menschen. Trotzdem ist es, wenn man seinen Liebeskummer überwinden möchte, wichtig, sich gerade mit diesem Gedanken auseinander zu setzen.

Längst haben Wissenschaftler herausgefunden, dass sich die Liebe vor allem im Kopf abspielt. Dort befindet sich quasi unsere Liebes-Zentrale, die zuständig ist für die Regulierung der Hormone. Aber nicht nur die Hormone, auch die komplexen Zusammenhänge unseres Denkens, wie Erfahrungen, Erinnerungen oder zielgerichtetes Handeln, verleiten uns dazu, uns einem bestimmten Menschen nahe zu fühlen und uns an ihn zu binden.

Man sieht jemanden, und noch bevor man ihn wirklich kennen gelernt hat, glaubt man genau zu wissen, wie er ist, was er fühlt und denkt.

»Ich hatte sofort das Gefühl, ihn schon ewig zu kennen!«, hört man den Betreffenden dann sagen, oder: »Ich habe mich in ihm wiedergefunden, es war Liebe auf den ersten Blick!«

In Wahrheit handelt es sich um Projektion. Etwas an diesem Menschen – eine bestimmte Körperhaltung, eine Aussage, eine Erinnerung an einen ganz anderen Menschen, die wir aber unbewusst mit ihm in Zusammenhang bringen – verleitet uns dazu, Eigenschaften in ihn hineinzuinterpretieren, die vielleicht gar nicht in ihm vorhanden sind. Doch für uns ist er nun einmal so und bleibt auch so, solange wir unsere ›rosarote Brille‹ aufbehalten.

Nach einer gewissen Zeit (meist nach sechs bis zwölf Monaten, manchmal auch erst nach mehreren Jahren) fangen wir jedoch an, den anderen so zu sehen, wie er tatsächlich ist. Manchmal hat man Glück, und die Projektionen der ersten Zeit stimmen im Großen und Ganzen mit dem Charakter des Partners überein, und mit den paar Fehlern, die man nun entdeckt, kann man sich arrangieren. Oft aber hält er einfach nicht, was man sich von ihm versprochen hat. Dann ist die Enttäuschung groß, man unterstellt ihm: »Du hast mir etwas vorgemacht!«, obwohl man sich doch eigentlich selbst etwas vorgemacht hat. Der Frust zieht immer öfter Streit und nicht selten die Trennung nach sich.

Wer sich eingesteht, dass seine ›Liebes-Gefühle‹ durchaus auch kopfgesteuert sind – was im Rückschluss bedeutet, dass man die Macht hat, sie zu beeinflussen –, hat eine gute Chance, das Beste aus ihnen zu machen. Er kann seine Liebe ebenso genießen – doch wenn es Probleme in der Partnerschaft gibt, wird er nicht hoffnungslos verloren sein, sondern nach einer gewissen Zeit auch Wege zurück ans Licht erkennen können.

Und er kann in einer neuen Beziehung reifer handeln, kann die Forderung, ›Du musst mich glücklich machen!‹, loslassen und damit anfangen, selbst für sein Glück zu sorgen. Es wird der Partnerschaft gut tun und helfen, neuen Liebeskummer zu vermeiden.

Affirmation: Ich bin selbst zuständig für mein Glück, ich lasse es mir gut gehen!

So bekämpfen Sie Ihre negativen Gedanken

Nicht nur Liebesgefühle beginnen im Kopf, sondern auch jene Gefühle, die Ihnen bei Liebeskummer das Leben so schwer machen, und die sich in Sätze kleiden lassen, wie: »Ich bin so einsam«, »Für mich gibt es keine Liebe auf dieser Welt« oder »Ohne meinen Partner hat das Leben keinen Sinn«.

Solche Gefühle werden von inneren Stimmen und Stimmungen ausgelöst, die meist so schnell durch unseren Kopf huschen, dass wir ihre auslösenden Momente kaum erfassen können. Doch es gibt einen Trick, sie aufzuspüren.

Folgende Übung kann Ihnen beim Erfassen solcher Momente helfen: Sie fühlen sich gerade wieder so einsam, verlassen, hoffnungslos? Dann sagen Sie ›**stopp**‹ und fragen Sie sich: »Was habe ich gedacht, bevor ich anfing, mich so mies zu fühlen?«

Manchmal muss man sich an seinen Gedankensträngen ein Stück zurückarbeiten, bis man auf den Auslöser für die negativen Gefühle kommt.

In Ihrem Alltag finden sich wahrscheinlich viele solcher Momente: Sie kommen an einem Briefkasten vorbei. Dabei fällt Ihnen ein, dass Sie die Geburtstagskarte an Ihre Mutter zu Hause vergessen haben. Sie liegt auf dem Küchentisch, und zwar neben dem Schlüssel zu Ihrer Wohnung, den Ihnen Ihr Expartner heute Morgen durch den Türschlitz geworfen hat. Solche Assoziationsketten laufen unbewusst ab – und schon schnappt die Gefühlsfalle zu. Wenn Sie jetzt nicht einschreiten, rutschen Sie in ein Stimmungstief, aus dem Sie vielleicht für den Rest des Tages nicht mehr herausfinden.

Sie können dagegen vorgehen, indem Sie Ihrem Negativgefühl ein Positivgefühl entgegensetzen. Stellen Sie sich zum Beispiel vor, Sie betten den Schlüssel am Abend in eine bunte Schachtel und binden sie feierlich mit einer schönen Schleife zu. Dann legen Sie in Gedanken die Schachtel an einen besonderen Ort. Sagen Sie sich: »Dort bewahre ich den Schlüssel auf, bis es eine neue Liebe für mich geben wird; jemanden, der es wert ist, den Schlüssel zu bekommen.«

So haben Sie sich von negativ auf positiv umgepolt und Ihren Blick in die Zukunft gerichtet, statt in der Vergangenheit zu verharren.

Möglicherweise führen Sie jetzt aber auch ins Feld, dass Ihre Wut, Ihre Enttäuschung viel zu groß ist, als dass Sie sich so leicht besänftigen ließen?

Dann reden Sie Ihre innere Miesmacher-Stimme in Grund und Boden.

Für jedes negative Argument setzen Sie ein positives dagegen:

- Negativargument: Ein neuer Mann? Niemals! Ich will nur IHN oder keinen, denn kein anderer wird je so toll sein wie er.
  Positivargument: Aber ER war doch gar nicht so toll, wie du es dir jetzt einredest, sonst hättest du ihn (er dich) nicht verlassen.
- Negativargument. Ich bin zu dick, keiner wird mich mehr lieben.
  Positivargument: Du kannst abnehmen; außerdem gibt es Männer, die mollige Frauen mögen.
- Negativargument: Meine Nase ist zu groß, darum bin ich hässlich.
  Positivargument: Es gibt viele Menschen mit großen Nasen, die Erfolg haben und geliebt werden (Gerard Depardieu, Steffi Graf).

Mit solchen Übungen, die aus der NLP kommen, können wir relativ einfach zu Glück und Gelassenheit finden. Bei NLP handelt es sich um eine systemische und lösungsorientierte Form der Kurztherapie. Viele Leute sprechen sehr gut auf solche Übungen an. Zudem ist der Einsatz recht gering, denn es kostet nur ein wenig Zeit.

Warum hast du mir das angetan?

> Man liebt immer zweimal:
> das erste Mal in der Wirklichkeit,
> das zweite Mal in der Erinnerung
>
> HONORÉ DE BALZAC

Es ist ein großer Unterschied, ob man verlassen wurde, oder ob man selbst die Beziehung beendet hat. Wer einen anderen verlässt, hatte nicht nur mehr Zeit, sich darauf einzustellen, er hat die Dinge für sich auch bereits geklärt – oder es wartet sogar schon ein neuer Partner auf ihn. Der Zurückgebliebene fällt jedoch ohne Netz und doppelten Boden, und er versinkt nicht selten in seinem Leid. Schlaflose Nächte, Krankheit und Depression können die Folge sein.

Um wieder aus diesem dunklen Tal herauszufinden, ist es vor allem wichtig, zu sich selbst zurückzukehren.

Nehmen Sie sich selbst und Ihre Interessen wieder wichtig

- Fragen Sie sich nicht, was Ihrem Expartner gefehlt hat, so dass er sich eine neue Partnerin suchte, sondern fragen Sie sich, was Ihnen in dieser Beziehung gefehlt hat.

- Fragen Sie sich nicht, was Sie anders machen würden, wenn Ihr Partner zu Ihnen zurückkäme, sondern beschäftigen Sie sich mit der Frage, was Sie in Zukunft für sich selbst besser machen können.
- Fragen Sie sich nicht, was Ihr Expartner wohl gerade macht, sondern werden Sie aktiv. Sie könnten einen langen Spaziergang unternehmen, ein Buch lesen, zum Baden gehen.
- Stellen Sie sich nicht vor, wie Ihr ehemaliger Lebensgefährte gerade Ihre Nachfolgerin küsst, sondern glauben Sie daran, dass es auch für Sie einmal wieder eine neue Liebe geben wird.

Auf den Punkt gebracht: Bleiben Sie bei sich selbst – das ist die beste Medizin gegen Liebeskummer!

Und vergessen Sie nicht, etwas Gutes für sich zu tun, damit die Seele wieder in Balance kommt!

Affirmation: Alles was ich zum Glück brauche, ist für mich vorhanden, ich muss es nur nehmen!

So überstehen Sie den ersten Liebeskummer

> Für jede Tür, die sich schließt,
> tut sich eine neue auf
>
> SPRICHWORT

Es gibt Untersuchungen, die zeigen, dass fast alle Menschen die erste Liebe niemals vergessen. Spätere Lieben oder auch Liebeleien verblassen, aber an den Namen der ersten Liebe, vielleicht sogar an das Geburtsdatum, erinnert man sich genau. Man hat sein Gesicht vor Augen, erinnert sich an Dinge, die man zusammen getan, gesagt, erlebt hat ... und an das schlimme Ende. Und so manches Mal fragt man sich, was wohl aus dieser ersten Liebe geworden ist.

Die Erfahrungen, die wir in der ersten Liebe machen, prägen uns ebenso wie der erste Liebeskummer. Bleiben wir mit dem Gefühl zurück, nicht liebenswert zu sein, schaffen wir es nicht, die Scham zu überwinden, die Zurückweisung zu ertragen und die Demütigung in Würde zu überstehen. Wir verinnerlichen diese negativen Erfahrungen und sie werden bei jedem neuen Liebeskummer wie ein Geschwür aufbrechen.

Dass die erste ›große Liebe‹ so häufig in die Brüche geht, liegt daran, dass gerade junge Leute die Neigung haben, an den Geliebten Forderungen zu stellen, die kaum zu erfüllen sind. Sie sind in Liebesdingen und im Umgang mit Partnern unerfahren und glauben, die Liebe müsste wie im Roman sein.

Die häufigsten Fehlerwartungen sind:

- Du bist zuständig dafür, dass ich glücklich bin.
- Wir müssen immer alles gemeinsam tun.
- Ich muss das Einzige für dich sein.
- Wahre Liebe hält ewig und ganz von selbst.

Solch naives und besitzergreifendes Verhalten ist Gift für die Liebe. Wenn das junge Paar es nicht schafft, etwas mehr auf Distanz zu gehen, wird eine Trennung unweigerlich folgen.

Ist man jung und zum ersten Mal verliebt, muß man im Falle einer Trennung umso tiefer stürzen und von Selbstzweifeln, Mutlosigkeit und der Hoffnung nach einem guten Ende geradezu zerrissen sein, da die Seele so unerfahren ist und die Illusionen viel zu groß waren. Gerade in solchen Fällen ist es wichtig, dass man jemanden hat, dem man sich anvertrauen kann.

Erwachsene, die einem Jungendlichen nach dem Verlust seiner ersten großen Liebe beistehen, müssen den Kummer und den Schmerz sehr ernst nehmen. Trostworte, wie »Ist ja nicht so schlimm, andere Mütter haben auch schöne Kinder!«, hinterlassen den Eindruck, dass man sich insgeheim über die Gefühle des Jugendlichen lustig macht. Jetzt tut es weh. Jetzt wird Trost gebraucht. Jetzt muss derjenige, der die größere Lebenserfahrung hat, dem Jüngeren helfen zu lernen, dass er stark genug ist, den Verlust einer Liebe und all die Ängste, Demütigungen, Selbstzweifel, die damit einhergehen, zu überstehen.

So können Sie Jugendlichen bei Liebeskummer helfen:

- Suchen Sie zusammen mit dem Jugendlichen Positivsätze
  - Nicht: Ohne ihn kann ich nie wieder glücklich sein!
    Sondern: Ich schaffe das!
  - Nicht: Ich bin hässlich, niemand liebt mich!
    Sondern: Ich bin liebenswert, und wer mich liebt, findet mich schön!
- Helfen Sie ihm, sein Selbstvertrauen zurückzugewinnen. Regen Sie ihn an, genau die Dinge zu tun, die er gerne und gut macht. Er braucht Erfolgserlebnisse!
- Auch Imaginationen wie die Bergbesteigung können jetzt hilfreich sein.
- Stampfen oder auf ein Kissen boxen kann helfen, die Wut herauszulassen. Auch Sport ist geeignet, doch Vorsicht! Eine Sportart, die nicht den Bega-

bungen entspricht, kann kontraproduktiv wirken: Der Jugendliche, der sich durch seinen Liebeskummer ohnehin schon wie ein Verlierer fühlt, verstärkt sein negatives Selbstbild noch, wenn er beim Sport ständig als Letzter ins Ziel kommt oder ›auf die Schnauze fällt‹.

Auch jungen Menschen, die zum ersten Mal großen Liebeskummer erleiden, können Affirmationen bei der Bewältigung des Kummers helfen.

Affirmation: Jetzt tut es sehr weh, aber ich kann meinen Liebeskummer überwinden, und ich werde daraus stärker und selbstsicherer hervorgehen!

Die Affirmation kann noch verstärkt werden: Schließe die Augen, stelle dir vor, du schiebst eine Bowlingkugel – und du triffst alle Neune.

Oder sie wird mit Hilfe folgender Vorstellung intensiviert: Schließe die Augen, stelle dir vor, du springst mit einem Stab über eine hoch angelegte Latte, ohne sie abzuwerfen.

Erklären Sie Ihrem Schützling, dass es nicht wichtig ist, den Stabhochsprung tatsächlich zu beherrschen. Wichtig ist allein die *Vorstellung*: Ich schaffe es!

So nutzen Sie die Heilkraft der Natur gegen Ihren Liebeskummer

> Suchst du das Höchste, das Größte?
> Die Pflanze kann es dich lehren ...
>
> FRIEDRICH SCHILLER

Bei Liebeskummer fühlt man sich oft einsam, unverstanden, ausgelaugt, und ständig, oft auch nachts, drehen sich die Gedanken immer um dieselben Fragen!

Was können Sie tun? Sich mit Alkohol zudröhnen oder mit Süßigkeiten voll stopfen? Schlaftabletten nehmen?

Stopp! Es gibt bessere und gesündere Lösungen. Bachblüten, Ätherische Öle und Heilkräuter können hilfreich sein.

Einschlafprobleme

Sie können nicht einschlafen, weil die Gedanken an den Liebsten Sie nicht loslassen?

Lavendel schenkt Ihnen Entspannung und guten Schlaf. Träufeln Sie zwei Tropfen Lavendelöl auf ein Taschentuch und legen Sie es auf das Kissen neben sich. Wichtig ist dabei, dass es reines ätherisches Öl ist! Die Wirkung reiner ätherischer Öle ist nachgewiesen, sie stimulieren im Gehirn das limbische System und beeinflussen somit unsere Stimmung. Künstliche Duftöle hingegen haben keine nachweisbare Wirkung.

Auch ein Entspannungsbad, etwa eine halbe Stunde vor dem Schlafengehen, kann bei Einschlafproblemen helfen: Geben Sie in 40° heißes Wasser einige Tropfen reines Kamille-, Sandelholz- und Melisseöl und versuchen Sie, während des Badens nicht zu denken – vor allem nicht an Ihren Expartner! Wenn Gedanken kommen, lassen Sie sie wieder gehen, wie eine Wolke, die vorüberzieht. Unterstützen können Sie die Wirkung des Bades noch, indem Sie sich danach mit Ihrer Lieblings-Körperlotion eincremen.

Schöne Haut und gute Laune

Eine Massage mit Rosenöl hilft nicht nur dabei zu entspannen und quälenden Liebeskummer loszulassen, sondern bringt auch gute Laune zurück. Die Rosenöl-Massage beruhigt außerdem die Haut, die in solchen Stresssituationen gereizt reagiert. Leider ist reines Rosenöl in der Anschaffung teuer (10 ml etwa 80 Euro), aber es reicht dafür sehr lange. Vielleicht beteiligt sich ja auch jemand aus dem Freundeskreis am Kauf!

Und so geht es: Geben Sie zwei Tropfen Rosenöl auf 50 ml unparfümiertes Massageöl, das Sie in jeder gut sortierten Drogerie oder im Reformhaus bekommen, und massieren Sie damit alle drei Tage Arme, Beine, Bauch, Brust und Schläfen. Leise Meditationsmusik und Kerzenlicht unterstützen die beruhigende Wirkung. Dem typischen Trennungsgefühl der Wertlosigkeit können Sie so gegensteuern und sich gleichzeitig etwas Besonderes gönnen und sich selbst verwöhnen.

Duftkompressen

Liebeskummer ist seelischer Stress pur, und auf Stress reagieren wir häufig mit Verspannungen. Eine Duftkompresse kann Verspannungen lösen. Träufeln Sie in $^1/_2$ Liter heißes Wasser je zwei Tropfen Majoranöl und Rosmarinöl, tauchen Sie ein geeignetes Tuch ein, wringen Sie es aus und legen Sie es auf die verspannte Stelle (meist Nacken oder Schulter). Wiederholen Sie den Vorgang für die Dauer von mindestens zehn Minuten einige Male. Wenn Sie sich körperlich wieder wohler fühlen, wird sich auch Ihr Inneres leichter regenerieren.

Ginseng-Teemischung

Auch die Ginseng-Teemischung gibt wieder Kraft, wenn man sich vom Liebeskummer ausgepowert fühlt. Trinken Sie davon mindestens eine Woche lang über den Tag verteilt zwei bis drei Tassen, aber auf keinen Fall mehr.

Ginseng-Teemischung
15g Ginsengwurzel
15g Chinarinde
15g Rosmarinblätter
10g Eleutherokokkwurzel
1,15g Enzianwurzel

Die Mischung wird für Sie in der Apotheke oder in einem guten Teeladen zubereitet. Übergießen Sie 1 TL mit einer Tasse kochendem Wasser, lassen Sie den Tee fünf Minuten ziehen. Süßen sollten Sie nur mit Honig; vorher den Tee unbedingt auf Handwärme abkühlen lassen, da sonst die wertvollen Anteile des Honigs zerstört werden.

Aber es ist doch alles viel schlimmer, und Sie fühlen sich wirklich elend? Bevor Sie zu starken Medikamenten greifen, versuchen Sie es mit Bachblüten.

Schnelle Hilfe durch Bachblüten

Bachblüten helfen schnell und haben keinerlei Nebenwirkungen. Es handelt sich um 34 verschiedene Blütenessenzen, die von Agrimony (1) bis Willow (34) durchnummeriert sind. Sie bekommen Bachblüten als Tropfen in der Apotheke. Es genügt, wenn Sie die Nummern der Essenzen angeben, man wird Ihnen einen Cocktail aus den Blüten mischen. Lassen Sie sich beim Kauf erklären, wie die Tropfen einzunehmen sind.

Folgende Bachblüten können Ihnen bei Liebeskummer helfen:

- Unerfüllte Liebe
  Oft sind Depression und anhaltende Trauer die Folge. Hier hilft eine Mixtur von Chicory, Mustard und Star of Bethlehem (Nr.8/21/29), den eigenen Liebeswünschen realistischer zu begegnen und den Kummer zu überwinden.
- Klammern
  Aus Angst vor dem Alleinsein oder weil Sie glauben, nie mehr einen Partner zu finden, halten Sie an Ihrer Liebe fest – selbst dann, wenn diese Liebe Ihnen schadet? Sie brauchen Chicory und Mimulus (Nr.8/20).
- Starke Trauer
  Wer endlos trauert und nicht über den Verlust eines Partners hinwegkommt, in Gedanken immer um den anderen kreist, braucht Chicory und Honeysuckle Star of Bethlehem (Nr.8/16/29). Diese Blüten helfen, sich der Realität zu stellen, loszulassen und sich innerlich zu befreien.
- Zwanghaftes Liebesverhalten
  Obwohl Sie verlassen worden sind, können Sie nicht davon absehen, Ihren Expartner mit Ihrer Lie-

be und Fürsorge zu überschütten? Sie rufen ihn weiterhin an, überhäufen ihn mit Geschenken, die er nicht haben will? Nehmen Sie Chicory und Oak (Nr.8/22) – Sie bekommen mehr Abstand und können leichter loslassen.

- Verbitterung
  Sie fühlen sich gekränkt, weil Ihre Liebe zurückgewiesen wurde, obwohl Sie sich doch so sehr um diesen Menschen bemüht haben? Chicory mit Willow (Nr.8/38) kann helfen, Groll und Verbitterung bei enttäuschter Liebe zu überwinden.
- Versinken in Tagträumereien
  Sie verlieren sich in Tagträumereien und malen sich immer wieder von neuem aus, wie Sie Ihren Expartner oder Ihre heimliche Liebe (zurück-)erobern können? Tatsächlich haben Sie aber vor einer solchen Begegnung Angst und sind alles andere als mutig? Nehmen Sie Clematis, Gentian und Honeysuckle (Nr.9/12/16). Diese Blüten lassen Sie lebenstüchtiger werden und helfen Ihnen zu mehr Willensstärke und Realitätsnähe.
- Hass-Liebe
  Ihre enttäuschte Liebe ist in Hass umgeschlagen? Dann hilft Ihnen Chicory mit Holly (Nr.8/15) ins Gleichgewicht zurück. Kam die Trennung für Sie plötzlich und völlig unerwartet oder ist mit einer schockierenden Erkenntnis, beispielsweise dass Sie

betrogen wurden, verbunden, nehmen Sie Star of Bethlehem (Nr.29) dazu.

So bekämpfen Sie Ihre Einsamkeit

> Willst du geliebt werden,
> so liebe
>
> SENECA

Für Menschen, die an Liebeskummer leiden, sind Festtage besonders schwer zu ertragen. Ob persönliche Feiertage wie der Jahrestag des Kennenlernens, der Hochzeitstag oder der gemeinsame Urlaub, den man immer zur selben Zeit unternahm, oder allgemeine Feiertage wie Weihnachten, Silvester, Ostern – das heulende Elend ist gewiss!

Das muss aber nicht sein. Viel klüger ist es, diese Zeit sinnvoll zu verplanen. Sagen Sie sich nicht, »Weihnachten sind alle glücklich, nur ich bin alleine!«, sondern nutzen Sie die Zeit für Dinge, die Sie schon lange tun wollten. Ein Besuch bei Freunden oder Verwandten, eine kleine Reise, ein Kino- oder ein Theaterbesuch. Oder kümmern Sie sich um andere Menschen, die sich einsam fühlen. Ob in Krankenhäusern, Kinder- oder Altenheimen, es gibt genug Menschen, die sich über ein kleines Geschenk und ein Gespräch freuen würden.

Es gibt die unterschiedlichsten Möglichkeiten, die Einsamkeit und damit auch Ihren Liebeskummer zu überwinden. Je nachdem, wie einsam Sie sich fühlen oder wie sehr Ihr Liebeskummer Ihr Leben beeinträchtigt, eignen sich verschiedene Taktiken, wieder Ordnung in Ihr Gefühlsleben und damit auch in Ihren Alltag zu bringen.

Wenn Sie immer wieder von traurigen Erinnerungen oder Gedanken heimgesucht werden, genügt es manchmal schon, sich ganz einfach bei Treffen oder gemeinsamen Unternehmungen mit Freunden und Bekannten abzulenken, um auf andere Gedanken zu kommen:

Tipps zur Ablenkung

- Sport oder andere Aktivitäten
- Verabredungen mit netten und interessanten Leuten, ohne gleich eine neue Verpflichtung einzugehen
- Reisen
- Tanzen, tanzen, tanzen

Viele setzen sich aber lieber alleine mit ihren Problemen auseinander und versuchen, ihr Gefühlschaos auf diese Weise wieder in geregelte Bahnen zu leiten.

Tipps zur Auseinandersetzung mit Ihren Gefühlen

- Lange Spaziergänge, um den Kopf frei zu bekommen
- Gedichte schreiben
- Tagebuch schreiben
- Briefe an den verlorenen Geliebten schreiben und sie anschließend verbrennen
- Rituale, zum Beispiel jeden Morgen dreimal sagen: »Der Tag wird schön!«

Gerade bei lang andauerndem Liebeskummer, der sämtliche Facetten Ihres Lebens beeinträchtigt und Sie daran hindert, wieder in Ihren Alltag zurückzufinden, ist eine intensive Auseinandersetzung mit Ihrer Trauer, Ihrer Wut oder ähnlichen Gefühlen unausweichlich:

Tipps zur intensiven Auseinandersetzung mit Ihren Gefühlen

- Zeit zum Trauern, Zeit zu vergessen
- Sich selbst erlauben, immer wieder zu weinen und der Trauer freien Lauf zu lassen
- Endlose Gespräche mit Freunden
- Intensive Gespräche mit einem Therapeuten

Haben Sie das Schlimmste schon mal hinter sich gebracht und spüren schon, wie Sie wieder zu sich selbst finden, gibt es noch ein paar Tricks, wie Sie diesen Prozess beschleunigen können:

Tipps zur Selbstfindung

- Sich selbst verwöhnen, beispielsweise mit einem Schaumbad, einem kleinen Einkaufsbummel oder indem man sich und den eigenen Bedürfnissen einfach mal Zeit gönnt
- Ein Buch lesen, das Zuversicht verbreitet, Ratgeber lesen oder sich in eine fremde Welt entführen lassen, die nichts mit den eigenen Sorgen gemeinsam hat
- Neues tun, sich längst gehegte Wünsche erfüllen
- Ins Thermalbad gehen, sich im warmen Wasser einfach nur ›hängen lassen‹ und sich die Zeit nehmen, nichts zu denken
- Selbsterfahrungsseminare

Irgendwann wird es Zeit, einen richtigen Schlußstrich zu ziehen. Jedoch sollten Sie auf der einen Seite unbedingt darauf achten, dass Sie wirklich so weit sind. Auf der anderen Seite dürfen Sie den Zeitpunkt natürlich auch nicht verpassen. Sie müssen hier auf Ihr Gefühl vertrauen:

Tipps für den Neuanfang

- Rigoros den Kontakt zu Ihrem Expartner abbrechen
- Die Wohnung umräumen, Fotos und Geschenke auf dem Dachboden verstauen und den Weg so für ein Leben ohne Ihren Partner ebnen
- Eine neue Liebe

Viele Menschen finden auch in Alkohol oder anderen Drogen einen Tröster. Jedoch ist dies mehr als gefährlich, denn nur allzu schnell gesellt sich hier zu einem Problem ein weiteres, denn zu leicht rutscht man dabei in die Sucht ab.

Was Sie unbedingt vermeiden sollten

Aber nicht nur Alkohol und andere Drogen sind tabu, auch von einer neuen Liebe sollten Sie zunächst einmal Abstand nehmen. Denn erst wenn Sie den Expartner wirklich loslassen konnten und mit sich selbst wieder im Reinen sind, können Sie einem neuen Menschen ehrliche Gefühle entgegenbringen.

Füllen Sie aber nur die Lücke mit einem neuen Freund oder einer neuen Freundin, wäre das nicht nur äußerst unfair, die nächste Trennung wäre auch schon vorprogrammiert. Denn schon bald wird derjenige spüren, dass er für Sie nichts anderes als ein Lückenbüßer ist, und sich zu Recht von Ihnen abwenden.

Mindestens so unfair ist es, die Gefühle eines Menschen auszunützen, wenn man bereits weiß, dass man keine ernsthafte Beziehung zu ihm eingehen will. Wie oft hört man solche oder ähnliche Ausreden: »Ich mag dich ja, aber eine feste Beziehung, sorry... dazu bin ich noch nicht bereit!« Wenn dem wirklich so ist, dann lassen Sie die Finger davon, denn andere Menschen haben auch Gefühle, die nicht verletzt werden dürfen.

Vermeiden Sie in der Anfangszeit nach der Trennung auch jeden Kontakt mit dem Expartner, seinen Verwandten und Freunden. Fragen Sie gemeinsame Bekannte nicht nach ihm aus, fahren Sie nicht an seinem Haus vorbei, und rufen Sie auch nicht an. Gegenstände, die Sie an ihn und gemeinsame Zeiten erinnern, sollten eine Weile auf den Dachboden verbannt werden. Aber werfen Sie die Dinge nicht weg, es könnte Ihnen eines Tages Leid tun – die gemeinsame Zeit war doch immerhin ein Teil Ihres Lebens.

Es traf mich wie ein Blitzschlag

Beziehung ist eine Baustelle,
an der lebenslang gearbeitet werden muss

SPRICHWORT

»Noch gestern war doch alles in Ordnung, und heute steht plötzlich der Geliebte vor mir und sagt: ›Es ist aus, ich trenne mich von dir!‹ Wie soll ich das verstehen? Wie kann ich je wieder einem Menschen vertrauen?«

Mal Hand aufs Herz: Kam die Katastrophe wirklich ohne jede Vorwarnung über Sie? Oder war es eher so, dass Sie sich die Entfremdung nicht eingestehen wollten, die Anzeichen nicht wahrgenommen und das Schlimmste als Möglichkeit verdrängt haben?

Plötzlich ist der Partner weg, man versinkt im Liebeskummer und tut alles, was man vorher versäumt hat, um ihn zurückzuerobern. Doch oft will man den Partner ja gar nicht aus Liebe zurück, sondern aus gekränkter Eitelkeit oder weil man Angst hat – Angst vor dem Alleinsein, vor gesellschaftlichem Abstieg, finanziellen Verlusten, vor der Schmach, nun auch zu jenen zu gehören, die in der Beziehung ›versagt‹ haben und verlassen wurden.

Mit Liebe hat das wenig zu tun. Trotzdem tut es natürlich weh, Abschied nehmen zu müssen – von lieb gewonnenen Gewohnheiten, von einer Hoffnung, einer Illusion oder von Träumen und von einem Leben, in dem man sich eingerichtet hat und sich relativ sicher fühlte. Selbst wenn man derjenige ist, der den Partner verlassen hat, darf und sollte man sich eine Zeit des Abschieds und der Trauer zugestehen.

Wohin es führt, wenn man sich nicht die Zeit zum Trauern nimmt, zeigt folgende Aussage: »Als mein Mann mich und unsere beiden Kinder von einem auf den anderen Tag alleine ließ, hatte ich gar keine Zeit, zu trauern und mit meinen Gefühlen klarzukommen, denn der Alltag schwappte wie eine riesige Flutwelle über mich hinweg. Ich wusste nicht, wie ich den Heizkessel bedienen musste, wo das Werkzeug lag, wie unsere Papiere geordnet waren ... ich war vollkommen in Panik, die Angst um unser Fortbestehen war alles, was ich fühlte. Erst als ich zwei Jahre später mit einem Nervenzusammenbruch im Krankenhaus landete, konnte ich zum ersten Mal wirklich weinen und trauern.«

Noch einen anderen Aspekt von Trennung und Trauer macht diese kleine Episode deutlich: Für gewöhnlich teilen wir uns in einer Partnerschaft die Aufgaben. Wenn man lange zusammen war und einer der Partner geht, entsteht nicht nur emotional ein Loch, sondern auch praktisch. Damit Platz für die Trauer ist und die emotionale Wunde besser heilen kann, muss der Verlassene zuerst einmal mit den profanen Dingen des Lebens zurechtkommen und so manches lernen, wovon er vorher geglaubt hatte, es niemals zu können. Das mag für den einen Kochen sein, für den anderen einen Dübel setzen, den Ölwechsel machen oder die Waschmaschine richtig bedienen. VHS-Kurse, Ratgeber oder das Nachfragen bei Freunden und Bekannten können dabei helfen, sich Fähigkeiten und Wissen anzueignen, die man im bisherigen Leben nicht brauchte, die nach der Trennung aber auf den ersten Blick wie eine unlösbare Aufgabe erscheinen. Was auch immer es sein mag, wenn man es am Schluss doch kann, hilft das nicht nur, den Alltag zu überstehen, es schenkt auch Selbstbewusstsein und eine gewisse Genugtuung – »Ich wäre gerne bei dir geblieben, aber ich komme auch ohne dich zurecht!«

Affirmation: Ich kann alles, was er/sie vorher für mich getan hat, auch selbst!

So schöpfen Sie Kraft aus Ihrem Kummer

> Was mich nicht umbringt,
> macht mich stärker
>
> FRIEDRICH NIETZSCHE

Nietzsches Spruch klingt ironisch, fast ein bisschen herzlos. Und doch hat der Philosoph Recht: Würden wir in unserem Leben keine Verluste, Misserfolge und Enttäuschungen erleiden, würde unsere Persönlichkeit nicht reifen. Jede Trennung, jede Niederlage fordert uns auf, unser Leben zu überdenken und neu zu ordnen. Für das kleine Kind, das zum ersten Mal in den Kindergarten geschickt wird, ist die Trennung von der Mutter unter Umständen nicht nur eine sehr schmerzliche, sondern eine geradezu lebensbedrohliche Erfahrung. Es weint, es will nicht, dass die Mutter geht, es weiß ja nicht, ob sie je wiederkommen wird – und doch muss sie ihrem Kind diese Trennung zumuten, um es auf ein selbstbestimmtes Leben vorzubereiten. Trennung, Arbeitsplatzverlust, Krankheit, der ungewollte Umzug in eine fremde Stadt – solche Katastrophen, die unser Leben begleiten, haben fast immer auch ihre guten Seiten. Sie zwingen uns, alte, vielleicht allzu eingefahrene Wege zu verlassen und unser Leben neu zu gestalten.

Auch Liebeskummer hat nicht nur zerstörerische, sondern auch positive Seiten. Getrieben von dieser Kraft können wir über uns hinauswachsen, Abhängigkeiten überwinden, neue Ufer erreichen und kreative Seiten entwickeln.

Unzählige Kunstwerke sind aus Liebeskummer entstanden. Gedichte, Literatur, Gemälde, Skulpturen, Lieder, ja ganze Opern – hätten ihre Erschaffer sich nicht in ihrem Seelenschmerz erlebt, hätten sie vielleicht niemals erfahren, zu welch tiefen Gefühlen sie fähig sind.

Johann Wolfgang von Goethe schrieb über seine unerfüllte Liebe zu Lotte Buff, die zu dieser Zeit gerade mal 19 Jahre alt, aber schon seit vier Jahren verlobt war: »Unter einer ansehnlichen Waffensammlung besaß ich auch einen kostbaren wohlgeschliffenen Dolch. Diesen legte ich mir jederzeit neben das Bette, und ehe ich das Licht auslöschte, versuchte ich, ob es mir wohl gelingen möchte, die scharfe Spitze ein paar Zoll tief in die Brust zu senken.« Zum Glück hat Goethe dann doch nicht zugestoßen, sondern stattdessen zur Feder gegriffen und die Erfahrungen seiner unglücklichen Liebe in einem bis heute unvergessenen literarschen Werk zusammengefasst: *Die Leiden des jungen Werthers.*

Die Liste von Beispielen ließe sich beliebig verlängern: Dante schrieb die *Die Göttliche Komödie*, während er sich nach seiner Beatrice verzehrte, Richard

Wagner liebte Cosima, die Frau seines Freundes, Mozart liebte zuerst die Schwester seiner Constanze, und Schubert war grundsätzlich unglücklich verliebt.

Schreiben befreit – nehmen Sie sich ein Beispiel an Goethe

Schreiben als kreativer Ausdruck der Gefühle, hilft vielen Menschen über Liebeskummer hinweg: Gedichte, Tagebuch, nie abgeschickte Briefe ... Schreiben ist eine gute Medizin gegen Liebeskummer! Schreibend können wir uns alles von der Seele ›reden‹, schreibend finden wir mehr Klarheit.

Nachfolgend finden Sie einige Anregungen zu Schreibübungen, die helfen können, Liebeskummer zu bewältigen.

Eine Schreibübung als Soforthilfe

In den ersten Tagen nach der Trennung ist es hilfreich, Klarheit über die Beziehung, den Partner und die Gründe zu bekommen, die zur Trennung führten. Dabei hilft eine Plus-Minus-Liste.

Falten Sie ein Din-A-4-Blatt, öffnen Sie es wieder und schreiben Sie nun auf die linke Seite alle positiven Eigenschaften Ihres Partners, auf die rechte alle negativen. Was kommt dabei heraus – ist er wirklich so außergewöhnlich und wunderbar? Oder überwiegen gar die Eigenschaften, die rechts aufgeführt sind?

Schreibübung

Verfahren Sie mit folgenden Themen ebenso:

- Was hat mir die Beziehung gebracht?
- Wie gut haben wir zusammengepasst?
  Gemeinsamkeiten/Streitpunkte
- Was erwarte ich von einer Beziehung?
  Das brauche ich unbedingt/Darauf kann ich verzichten

Nun ziehen Sie Ihr Fazit aus all diesen Listen und beantworten Sie sich dann ehrlich folgende Fragen:

- Überwiegt das Positive?
- War ich glücklich in dieser Beziehung?
- Würde ich mit meinem Expartner wieder eine Beziehung eingehen, wenn ich zwischen ihm und einem anderen interessanten Partner wählen könnte?

Diese Übung dient dazu, Ordnung in die Gefühle zu bringen und sich der Realität zu stellen. Bewahren Sie Ihre Listen und wiederholen Sie zwei, vier und sechs Monate später die Übung. Anschließend vergleichen Sie Ihre Listen. So verschaffen Sie sich Klarheit darüber, wo Sie stehen.

Schreibe dich glücklich – Das doppelseitige Tagebuch

Tagebücher sind eine einzige Ansammlung von Argumenten, den Strick zu nehmen – diesem Sprichwort können wahrscheinlich viele zustimmen, die ihren Trennungsschmerz einem Tagebuch anvertraut haben.

Tatsächlich führen die meisten Menschen Tagebuch, wenn sie einsam und traurig sind, entsprechend dunkel und düster fallen die Texte aus. Trotzdem ist nichts dagegen einzuwenden, denn wer sich den Kummer von der Seele schreibt, wirft Ballast ab, und das heilt die liebeskranke Seele. Damit man aber nicht gar so tief im dunklen Morast der Gefühle versinkt, ist ein doppelseitiges Tagebuch eine gute Alternative:

Das doppelseitige Tagebuch
Auf die linken Seiten schreiben Sie mit schwarzer Tinte allen Kummer von sich ab. Das Triste, Traurige, Verzweifelte darf aus Ihrer Feder dorthin fließen. Auf die rechten Seiten Ihres Tagebuches kommen die schönen Dinge. Wählen sie für rechts einen Kuli oder Füller mit einer andere Farbe, zum Beispiel Rot oder Lila.

Setzen Sie sich das Ziel, dass die rechten und die linken Seiten Ihres Tagebuches möglichst zu gleichen Teilen beschrieben werden. Wenn Sie also sechs linke Seiten mit Schwarz beschreiben, versuchen Sie, auch sechs rechte Seiten mit Rot zu beschreiben. Es müssen nicht zwingend eigene Erlebnisse sein, Sie können auch festhalten, welche lustigen Dinge bei der Arbeit, in der Familie oder in der Freizeit passiert sind, was Sie Positives in der U-Bahn oder beim Jogging beobachten konnten. Oder schreiben Sie über einen schönen Song, der im Radio gespielt wurde, die bunten Blüten im Garten ...

Der Sinn dieser Übung ist, wieder hinzuschauen und auch die guten und schönen Dinge zu entdecken, die das Leben für Sie bereithält.
Es wirkt – versuchen Sie es!

Ihre Liebe – eine Kurzgeschichte

Fassen Sie Ihre Liebe in einer Kurzgeschichte zusammen. Schreiben Sie den Text aber unbedingt in der dritten Person und in der Vergangenheit. So wird der Abstand zwischen Ihnen und der Geschichte größer, und Sie können ›das Agieren der Figuren‹ besser beobachten. Möglicherweise werden Ihnen beim Schreiben – und später auch beim Lesen Ihrer Geschichte – Zusammenhänge klar, die Sie vorher so nicht erkennen konnten. Sie sollten sich dabei aber möglichst kurz fassen. Die Geschichte soll keinesfalls mehr als fünf Din-A-4-Seiten haben, sonst verzetteln Sie sich in überflüssigen Nebensächlichkeiten. Wählen Sie einen Titel, der Ihre

Geschichte auf den Punkt bringt. Titel, wie *Die Andere* sind nicht individuell auf Sie bezogen und deshalb nichtssagend. Nennen Sie ruhig Ihren eigenen Namen und das Kernproblem Ihrer Beziehung im Titel Ihrer Geschichte.

Einen Cluster bilden

Schreiben Sie das Wort Liebeskummer auf die Mitte eines Papierbogens. Was ist das nächste Wort, das Ihnen ganz spontan einfällt? Nehmen wir an, es ist ›Schmerz‹. Schreiben Sie es irgendwo auf dieses Blatt und ziehen Sie eine Linie von Liebeskummer zum zweiten Wort, Schmerz. Wenn Sie nun die beiden Wörter betrachten, wie heißt dann das nächste Wort, das Ihnen einfällt? Nehmen wir an, es ist ›Himmel‹. Notieren Sie Himmel, und verbinden Sie das Wort mit einem der beiden vorhergehenden Wörter. Und so verfahren Sie weiter, bis Sie sechs miteinander verbundene Wörter auf Ihrem Papier stehen haben.

Nun schreiben Sie auf, was Ihnen zu diesen Wörtern einfällt. Verfassen Sie den Text, ohne viel nachzudenken, lassen Sie ihn einfach aus Ihrer Feder herausfließen. Es kommt nicht darauf an, wie schön Sie formulieren. Auch muss auf den ersten Blick keine Logik erkennbar sein. Die ›Logik‹ wird sich Ihnen vielleicht erst erschließen, wenn Sie Ihren Text zum wiederholten Mal gelesen haben.

Diese Schreibübung hilft, unbewusste Gefühle, wie Ängste, Sehnsüchte oder Erwartungen aufzuspüren und sie besser verstehen zu können.

Gefühle wollen in Poesie gefasst werden

Auch Menschen, die sonst nie Gedichte lesen oder verfassen, wollen ihren Gefühlen auf diesem Weg Ausdruck verleihen, wenn sie starken Liebeskummer verspüren. Tatsächlich tut es der Seele gut, das Unbegreifliche in Worte zu fassen, sich mit dem Schmerz auseinander zu setzen und dem eigenen Drama eine Form zu geben, die ihm gerecht wird.

Oft bleibt es aber bei dem Wunsch, Gedichte zu verfassen, weil man es sich nicht zutraut oder zu hohe Ansprüche an sich stellt.

Doch dichten kann einfacher sein, als Sie denken! Versuchen Sie es einmal mit einem Haiku. Diese japanische Gedichtform ist mit 17 Silben die kürzeste der Weltliteratur.

Ein Haiku besteht aus drei Zeilen. Die erste hat fünf, die zweite sieben, die dritte wieder fünf Silben.

Hier ein Beispiel:

Verlassen, allein (5)
Von Dunkelheit umgeben (7)
Liebe zehrt mich auf (5)

Wer weiß, vielleicht helfen Ihnen die Haikus, Kraft zu schöpfen und aus Ihrem Kummer etwas ganz Neues, Besonderes zu erschaffen.

Lesen – Therapie bei Liebeskummer

Psyches Iatreion – Heilstätte der Seele – stand einst über dem Portal der antiken Bibliothek von Alexandria. Ähnliches schrieben auch die Mönche des Berges Athos über die Eingänge ihrer Klosterbibliotheken. Dass Lesen Lebenskrisen und Liebeskummer überwinden hilft, weiß aber auch die moderne Forschung, und so wurde der Begriff ›therapeutisches Lesen‹ geschaffen. Dabei stützt sie sich auf die Erkenntnisse, dass so tief greifende Emotionen wie Verzweiflung, Schmerz, Angst, Wut oder Hass gedanklich auf Romanhelden oder -antihelden übertragen werden können und man sich mit ihrer Hilfe ›gefahrlos‹ abreagieren kann. Auch erweitert die Identifikation mit den Protagonisten und ihrem Schicksal unsere Selbstwahrnehmung.

Durch ihr Beispiel werden wir angeregt, unsere eigene Entwicklung aus verschiedenen Perspektiven zu betrachten. Eine abgeschlossene Geschichte, die das Zusammenspiel mehrerer Schicksalsstränge deutlich werden lässt, schärft unseren Blick und unser Verständnis von komplexen Zusammenhängen.

Lesestoffe, die auf ein geglücktes Ende hinarbeiten, führen uns außerdem Lösungsmodelle vor Augen und machen uns Mut, daran zu glauben, dass auch wir eines Tages wieder glücklich sein werden.

Hinzu kommt, dass wir beim Lesen für eine Weile in eine andere Welt abtauchen, und den eigenen Kummer vergessen können. So ist der Rat, »Lies mal wieder!«, gerade für Menschen mit Liebeskummer hilfreich und heilsam.

Lachen befreit – auch bei Liebeskummer

> Man muss lachen, bevor man glücklich ist,
> weil man sonst sterben könnte,
> ohne gelacht zu haben
>
> LA BRUYÈRE

»Lachen ist gesund!« – das ist keine leere Floskel. Tatsächlich haben Wissenschaftler herausgefunden, dass bis zu 300 verschiedene Muskeln aktiviert werden, wenn wir lachen. Es kommt zu erhöhtem Gasaustausch bei der Atmung und damit zu einer Sauerstoffanreicherung im Blut.

Liebeskummer kann sich auf vielerlei Weise auf Körper und Seele auswirken. Er versetzt uns in allerhöchste Alarmbereitschaft, was puren Stress bedeutet.

Gleichzeitig lähmt er uns, wir fühlen uns antriebsschwach, geben alle Fäden aus der Hand und sehen

So finden Sie heraus, ob Ihre Beziehung Ihnen gut tut

> Wer aus Liebe heiratet
> hat unter Schmerzen zu leben
>
> SPANISCHES SPRICHWORT

Nicht selten hat ein Mensch, der sich gerade getrennt hat oder verlassen wurde, eine lange glücklose Beziehung und einen zermürbenden Leidensweg hinter sich. Die Frage drängt sich auf: Warum bleiben wir Monate, Jahre oder sogar Jahrzehnte in einer Beziehung, die uns offensichtlich mehr schadet als gut tut?

Häufig finden wir die Antwort in unserer Kindheit. Wir leben und leiden die Beziehung unserer Eltern nach. Es heißt, Erziehung besteht aus 50 Prozent Liebe (bedingungslose Zuwendung) und 50 Prozent Vorbild. Bedingungslose Zuwendung erfahren die wenigsten Kinder in unserer Gesellschaft, was bleibt ist das, was uns von den Eltern vorgelebt wird.

Machen Sie ein kleines Experiment: Schließen Sie die Augen und konzentrieren Sie sich eine Weile auf eine bestimmte Stelle in Ihrem Körper. Haben Sie immer wieder Nackenschmerzen? Dann wählen Sie den Nacken. Oder leiden Sie oft an Übelkeit? Dann lenken

Sie Ihre Konzentration auf den Magen. Nach einiger Zeit lassen Sie vor Ihrem inneren Auge wie von selbst ›Szenen einer Ehe‹ entstehen – der Ehe Ihrer Eltern. Was sehen Sie da? Streit, Missgunst? Kam Ihr Vater vielleicht ständig zu spät nach Hause? Hat er mit Geld um sich geworfen, wenn er unter Freunden war, aber zu Hause fehlte es am Nötigsten? Reagierte die Mutter auf all das mit Eifersucht?

Und dann vergleichen Sie die Bilder, die aus Ihrer Erinnerung aufgestiegen sind, einmal mit den Problemen, die Ihre eigene (verflossene) Beziehung belasteten. Wo gibt es Parallelen? Vielleicht war Ihr Partner nicht zuverlässig, kam ständig zu spät nach Hause oder zu Verabredungen, und Sie reagierten mit Eifersucht. Vielleicht ließ er Sie mit Ihren Problemen allzu oft alleine, war hingegen für andere immer da.

Kennen Sie das alles nicht?

Ein typisches Beispiel für Beziehungsverwicklungen, die aus der Kindheit resultieren, sind Beziehungen zu alkoholkranken oder gewalttätigen Menschen, obwohl bereits ein Elternteil Alkoholiker war oder man in der eigenen Kindheit Gewalt erfahren musste. Für solch ein ›widersinniges‹ Verhalten gibt es verschiedene Gründe. Zum einen suchen wir unbewusst die Situationen auf, die wir kennen, die uns vertraut sind. Mit ihnen, so schlimm sie auch sein mögen, können wir umgehen, darum versprechen sie uns eine Art Sicherheit. Zum anderen beherrscht uns der unbewusste Wunsch, doch noch über die Dramen der Kindheit zu siegen, indem wir dieselbe Situation herbeiführen und sie nun bewältigen. Der alkoholsüchtige Vater konnte nicht geändert werden, aber mit dem alkoholsüchtigen Ehemann könnte es doch jetzt klappen? Selbstverständlich kann so ein Ausgleich nicht funktionieren, aber unser Unterbewusstsein geht verschlungene Pfade, die mit rationellem Denken nichts zu tun haben. Der einzige Weg aus so einer Falle ist das Erkennen der Zusammenhänge. Das bereits genannte Experiment kann dabei helfen. Oft brauchen Menschen, die sich in so einem Beziehungsgeflecht verfangen haben, aber die Hilfe eines Psychotherapeuten.

Affirmation: Liebe Eltern, ich überlasse euch eurem Schicksal und lebe von nun an mein eigenes Leben.

Gibt es eine Messlatte für eine gute Beziehung?

> Besser ein Gericht Gemüse, wo Liebe herrscht,
> als ein gemästeter Ochse und Hass dabei
>
> SALOMON

Ja, die gibt es! Eine Partnerschaft, die mehr Kummer bereitet als Freude schenkt, schadet uns. Stellen wir das fest, sollten wir uns selbst so wertvoll sein, uns gegen den Partner abzugrenzen und zu schützen. Aber wann ist der Punkt erreicht, an dem eine Trennung der einzige Ausweg ist?

Beziehung

Die Beziehung kostet mich sehr viel Kraft

- Ständig habe ich Angst, meinem Partner nicht zu genügen, nicht schön, klug oder erotisch genug zu sein. Immerzu frage ich mich, wie ich meinen Partner glücklich machen, die Beziehung so interessant gestalten kann, damit ich nicht verlassen werde.
- Mein Partner macht Karriere oder Sport, alles andere bleibt an mir hängen, ich habe das Gefühl, ich werde ausgesaugt.
- Heute schlägt mein Partner mich, morgen überschüttet er mich mit Rosen.

- Die Beziehung macht mich krank
  - Seit ich mit ihm zusammen bin, habe ich immer öfter Migräne, Nackenschmerzen, Herzrasen, Bluthochdruck. Ich nehme Medikamente (z.B. Beruhigungsmittel oder Schlaftabletten), greife zu Alkohol oder anderen Drogen.
- Die Beziehung lebt von Auseinandersetzungen
  - Bei uns gibt es ein ständiges Hin und Her. Tagsüber fliegen regelmäßig die Fetzen, abends dann die Versöhnung im Bett. Geredet wird nur, wenn gestritten wird. Wir haben schon mehrmals Schluss gemacht.
- Geben und Nehmen sind nicht im Gleichklang
  - Ich überhäufe meinen Partner mit Geschenken und Aufmerksamkeit, er hingegen gibt sich keine Mühe, seine Liebe zu zeigen. Ich trage alle Verantwortung, auch für die Beziehung, er trägt nichts dazu bei. Ich arbeite, er lässt es sich gut gehen und nützt mich aus.

    Viele glauben, dass sie mehr Achtung und Aufmerksamkeit erfahren, wenn sie für ihren Partner alles tun. Das ist jedoch ein Irrtum, denn meist ist der, der mehr nimmt als gibt, auch derjenige, der die Beziehung verlässt!
- Es gibt keine Gemeinsamkeiten (mehr)
  - Ich wünsche mir sehnlichst Kinder, aber für ihn ist diese Vorstellung der reinste Horror.

- Es gibt keinen Gesprächsstoff mehr, keine gemeinsamen Hobbys, keine gemeinsamen Freunde.

Partner

Mein Partner hat eine starke kriminelle Energie

- Mein Partner trinkt und fängt Schlägereien an, zertrümmert Autos und stänkert nach einem Fußballspiel. Seine Miete bezahlt er grundsätzlich nicht, und den Strom zapft er beim Nachbarn ab. Seine Lebensdevise: Warum sich die Hände mit Arbeit schmutzig machen, wenn man nur einem anderen in die Tasche zu greifen braucht.

Mein Partner versteht mich nicht oder fühlt sich immer gleich angegriffen

- Ich muss mich immer erklären und verteidigen und habe dabei das Gefühl, vom Mond zu kommen oder eine andere Sprache zu sprechen.
- Bin ich der Meinung, dass Liebe gleichermaßen auf Geben und Nehmen basiert, wird entgegengehalten, dass ich für alles gleich eine Belohnung erwarte.
- Erzähle ich, dass ich von einer Fernreise träume, wird dies so interpretiert, dass ich unzufrieden bin und meinen Partner für einen Versager halte, weil er mir das nicht bieten kann.

Mein Partner zwingt mir seinen Willen auf und bestimmt über mein Leben

  - Ich melde mich für einen Lehrgang an, den ich brauche, um beruflich weiterzukommen. Doch mein Partner redet so lange auf mich ein, bis ich ihn absage.
  - Gerade haben wir gestritten und uns wieder versöhnt. Ich will jetzt keinen Sex, einfach nur kuscheln und wieder zu mir kommen. Mein Partner findet das albern und zickig.
- Mein Partner ist sehr eifersüchtig, verbietet mir Freundschaften
  - Mein Partner behauptet, wenn ich ihn wirklich liebe, brauche ich meine alten Freunde nicht mehr und setzt mich so lange unter Druck, bis ich mich von ihnen zurückziehe. Wenn ich ins Fitnessstudio will, geht er mit, wenn er keine Zeit hat, muss ich auch zu Hause bleiben.
- Mein Partner ist nicht loyal
  - Wenn jemand sich über mich lustig macht oder behauptet, ich sei dumm, schlägt mein Partner in dieselbe Kerbe.
  - Ich erzähle ihm von meinem Ärger in der Arbeit – für ihn haben grundsätzlich die anderen Recht.

Können Sie drei oder gar mehrere dieser Fragen mit einem klaren Ja beantworten? Sie sollten sich damit auseinander setzen, was eine Beantwortung mit Ja für Ihre Beziehung bedeutet, ob Sie vielleicht sogar in der

Lage sind, dieses Ja in ein Nein umzuwandeln, indem Sie zusammen mit Ihrem Partner an Ihrer Beziehung arbeiten. Sehen Sie jedoch keine Möglichkeiten, sollten Sie sich wirklich überlegen, ob eine Fortsetzung Ihrer Beziehung sinnvoll ist.

Zusätzliche Klarheit verschafft auch der Test im nächsten Kapitel!

Affirmation: Ich übernehme die Verantwortung für mich und sorge dafür, dass es mir gut geht.

Verstärken können Sie diese Affirmation mit einem Körperritual: Machen Sie einen weiten Ausfallschritt nach vorne. Zerschneiden Sie dabei die Luft von oben nach unten mit Ihrem rechten oder linken Arm, so als sei er ein Schwert. Stoßen Sie dazu einen lauten, klaren Kampfschrei aus. Zum Beispiel ein kurzes kräftiges HA.

Hilfe, er will zurückkommen!

> Lieber ein Ende mit Schrecken
> als ein Schrecken ohne Ende!
>
> SPRICHWORT

Die Trennung hat Ihnen das Herz gebrochen. Nächtelang haben Sie davon geträumt, dass Ihr Partner zu Ihnen zurückkommt – und dann passiert es tatsächlich. Es klingelt, er steht vor der Tür: »Alles war nur ein schlimmer Irrtum! Wenn du mich willst, hier bin ich wieder!« Ein Teil von Ihnen möchte ihm jetzt um den Hals fallen und Ja sagen – aber eine innere Stimme warnt vor einem Neuanfang. Dann empfehle ich Ihnen, folgenden Partnerschaftstest nach einem Konzept von Dr. William Glasser zu machen. Der Psychologe und Psychiater hat herausgefunden, dass alle Menschen nach fünf Grundbedürfnissen leben, streben und handeln, nämlich Liebe und Zugehörigkeit, Selbsterhaltung, Machtstreben, Freiheit und Spaß.

Allerdings sind diese Bedürfnisse bei jedem von uns verschieden stark ausgeprägt. Bei konträr veranlagten Typen *kann* die Beziehung auf Dauer nicht gut gehen.

Mit Dr. Glassers *Fünfer-Code* kann man leicht und zuverlässig herausfinden, ob eine Beziehung Zukunft hat oder nicht.

Dr. Glassers Fünfer-Code:
Ordnen Sie auf unten stehender Skala Ihr Bedürfnis nach Liebe und Zugehörigkeit, Selbsterhaltung, Macht, Freiheit und Spaß ein. Eins steht für gering, fünf für stark.

Liebe und Zugehörigkeit	1 2 3 4 5
Selbsterhaltung	1 2 3 4 5
Freiheit	1 2 3 4 5
Macht	1 2 3 4 5
Spaß	1 2 3 4 5

Das Ergebnis könnte so aussehen:

Liebe und Zugehörigkeit	– 4
Selbsterhaltung	– 4
Freiheit	– 2
Macht	– 2
Spaß	– 3

Daraus ergibt sich ein fünfstelliger Zahlencode, man könnte sagen, es ist die Telefonnummer zu Ihrer Seele: 44223

Haben Sie Ihren Zahlencode ermittelt, müssen Sie nun auch noch den Ihres Partners ermitteln. Sofern Sie ihn gut genug kennen, können Sie ihn einschätzen, aber besser ist, er tut dies selbst. Beide Zahlencodes werden dann miteinander verglichen.

Vorab eine kleine Hilfestellung, damit Sie sich besser einordnen können:

- Liebe und Zugehörigkeit
  Eine harmonische Beziehung zu Freunden, Familienmitgliedern und Arbeitskollegen ist für Sie ausgesprochen wichtig, alleine zu sein fällt Ihnen schwer? Dann ist Ihr Grundbedürfnis nach Liebe und Zugehörigkeit ausgeprägt.
  Freunde haben Sie nicht, und das ist auch O.K. für Sie, denn Sie sind sich selbst genug? Joggen alleine, ein interessantes Sachbuch, die Arbeit genügt Ihnen zum Glück? Auf der Fünferskala sind Sie auf Platz 1 einzustufen.
- Selbsterhaltungstrieb
  Sind Sie ein Raser, der auf der Autobahn gerne drängelt? Wollten Sie immer schon mal Bungeespringen? Bringt Sie ein überzogenes Konto überhaupt nicht aus der Ruhe? Dann dürfte Ihr Selbsterhaltungstrieb nicht besonders groß sein.
  Achten Sie hingegen sehr auf Ihre Gesundheit, Risiken sind Ihnen ein Graus, und es raubt Ihnen bereits den Schlaf, wenn Sie Ihr Konto ein wenig überzogen haben? Ihr Selbsterhaltungstrieb ist sehr ausgeprägt!
- Freiheit
  Zwänge bringen Sie zur Raserei und Verträge in Panik? Die Ehe empfinden Sie eher als Gefängnis denn als sicheren Hafen? Sportarten wie Bergstei-

gen, Fliegen und Hochseesegeln scheinen Ihnen das Nonplusultra zu sein? Ihr Bedürfnis nach Freiheit ist ausgeprägt!
Wenn Sie aber die Sicherheit eines Vertrages vorziehen, lieber eine schlechte Bezahlung und einen despotischen Chef in der alten gewohnten Firma in Kauf nehmen, als sich um einen neuen Job mit mehr Selbstständigkeit zu kümmern, dann ist Ihnen Freiheit wohl nicht so wichtig.

- Macht

Geben Sie schnell nach, sind Sie harmoniesüchtig, überlassen Sie anderen lieber die Führung? An Macht liegt Ihnen nicht viel!
Oder lieben Sie es dagegen, im Mittelpunkt zu stehen, setzen Sie sich mit allen Mitteln durch und machen Sie Karriere, notfalls auch mit Ellenbogen? Bestimmt sind Sie ein Machtmensch!

- Spaß

Für Freizeit, Sport und Abenteuer geben Sie sehr viel Geld aus? Wenn eine Liebe nicht mehr prickelt, suchen Sie sich einen anderen Partner, wenn der Job langweilig wird, bewerben Sie sich neu oder satteln gar um? Spaß ist für Sie großgeschrieben! Oder lachen Sie eher selten, steht Pflichtgefühl an erster Stelle und ist Abenteuerlust ein Wort, das in Ihrem Wortschatz nicht vorkommt? Dann ist Spaß für Sie nicht allzu wichtig.

Generell gilt die goldene Mitte als positiv. Liegen beide Partner überall auf der Drei oder driften doch nicht allzu sehr auseinander, Sie: 33233 – Ihr Partner: 33323 –, ist die Prognose bestens. Ansonsten gilt:

- Selbsterhaltung

Einer von beiden hat einen hohen Selbsterhaltungstrieb, der andere nicht? Schwierige Situation. Möglicherweise klappt es, weil der eine den Bremser spielt und den anderen vor sich selbst beschützt. Aber auf die Dauer wird das die Beziehung sehr belasten.

- Liebe und Zugehörigkeit

Es kann keinesfalls klappen, wenn beide hier nicht auf einer Linie oder doch relativ nahe beieinander liegen! Vielleicht ziehen sich die Gegenpole zuerst sogar an, denn der andere hat das, was einem fehlt – aber auf die Dauer leidet der mit dem höheren Bedürfnis nach Liebe und Zugehörigkeit unter der Zurückweisung durch den anderen zu sehr.

Auch wenn einer der Partner ein hohes Bedürfnis nach Freiheit aufweist (4 oder 5 auf der Skala), der andere ein hohes Bedürfnis nach Liebe und Zugehörigkeit hat (ebenfalls 4 oder 5), wird es problematisch.

- Macht

Auch auf der Machtskala sind zwei hohe Werte ein Zeichen, dass die Beziehung nicht gut gehen wird, es sei denn, die Partner lieben Dauerstreit und

Stress. Hat einer einen hohen ›Machtwert‹, ist ein ausgleichender Partner mit einem niedrigen Machtwert gut für ihn. Es kann jedoch sein, dass dieser dann leicht unterdrückt wird.

- Freiheit
  Ähnlich verhält es sich bei zwei Menschen mit einem hohen Freiheitsdrang. Beide haben auf der Skala die 4 oder die 5 angekreuzt? Mag sein, sie verstehen sich prima – die Beziehung wird jedoch kaum Bestand haben, weil jeder seiner Wege geht und sie sich bald auseinander leben.
- Spaß
  Hier gilt die Regel: Das andere Extrem ist Gift für mich! Je ähnlicher man sich ist, desto besser. Ein bunt schillernder Spaßvogel kann mit einem überzeugten Moralisten wohl kaum glücklich werden. Auch von einem Partner mit einem hohen Bedürfnis nach Liebe und Zugehörigkeit oder einem ausgeprägten Selbsterhaltungstrieb sollte er Abstand nehmen.

Dieser Test hat mit 94 Prozent eine sehr hohe Trefferquote. Wenn Ihr Expartner also plötzlich wieder vor der Tür steht und Sie bereits herausgefunden haben, dass Ihr Code nicht zu seinem passt, sollten Sie dem Sprichwort glauben »Besser ein Ende mit Schrecken, als ein Schrecken ohne Ende!«, und Ihren Expartner wieder fortschicken.

So besiegen Sie die Eifersucht

> Die Eifersucht wird zwar immer
> mit der Liebe geboren,
> aber sie stirbt nicht mit ihr
>
> LA ROCHEFOUCAULD

Liebe und Eifersucht gehören zusammen wie Sonne und Mond. Ihr Partner hat Sie verlassen – steckt vielleicht eine andere, ein anderer dahinter? Das ist wahrscheinlich die erste Frage, die Sie sich stellen, und schon zieht sich das Herz voll Gram zusammen.

In vielen Fällen ist die Eifersucht sogar Auslöser des Liebeskummers, denn sie hat zur Trennung geführt, oder doch zumindest zu den quälenden Gedanken, die Sie gerade zermürben: Warum sieht er mich nicht? Warum liebt er mich nicht? Warum ist plötzlich alles so anders zwischen uns – ein Dritter muss schuld sein!

Tatsächlich gehört Eifersucht zu den häufigsten Scheidungsgründen, und laut Kriminalstatistik töten in Deutschland jährlich etwa 120 Menschen (davon rund 90% Männer) aus Eifersucht. Eifersucht soll in Zukunft sogar als psychosomatische Erkrankung in die Liste der WHO (Weltgesundheitsorganisation) aufgenommen werden.

Trotzdem ist Eifersucht nicht ausschließlich negativ zu bewerten. Laut Sigmund Freud, dem Begründer der modernen Psychoanalyse, gehört Eifersucht zu den Affektzuständen, die man, ähnlich wie Trauer, als normal bezeichnen darf.

Ein gesundes Maß an Eifersucht ist also natürlich und gehört zur Liebe, und man sollte dieses Gefühl nicht in sich ersticken. Migräne, Depressionen, Magengeschwüre und andere Krankheiten könnten die Folge sein.

Eifersucht ist wie Angst ein Warnsignal. Auch wenn es die vermeintliche Rivalin, den vermuteten Rivalen gar nicht gibt, zeigt die aufkeimende Eifersucht, dass grundlegende Bedürfnisse nach Sicherhcit und Bestätigung in der Partnerschaft nicht befriedigt sind. Lässt man diese Gefühle zu und tauscht sich mit dem Partner offen darüber aus, hat man die Chance, Missverständnisse zu beseitigen, Bedürfnisse zu äußern und Standpunkte neu zu klären. Frisst man die Eifersucht aber in sich hinein, wird sie im Innersten gären und sich früher oder später gegen die Beziehung und den Partner richten.

Aber: Nimmt Eifersucht einen zu großen Platz im Leben ein, kann das auch ein Zeichen dafür sein, dass Sie sich zu sehr auf Ihren Partner stützen und Ihr persönliches Glück allein im anderen sehen. Dann ist es wichtig, sich bewusst auch anderen Dingen des Lebens zuzuwenden.

Treffen Sie sich beispielsweise wieder öfter mit Freunden oder der Familie und widmen Sie sich neben dem Partner auch eigenen Interessen. Suchen Sie sich ein eigenes Hobby, gönnen Sie sich ein Theater-Abo mit der besten Freundin, lesen Sie mal wieder!

Wann aber erreicht Eifersucht ein Maß, das als pathologisch zu bezeichnen ist? Für den Betroffenen selbst ist das schwer einzustufen, denn in eigenen Angelegenheiten ist man meist ›betriebsblind‹. Es gibt jedoch ein paar Hinweise, die bedenklich stimmen sollten.

Wann ist Eifersucht krankhaft?

- Auch klärende Gespräche können Ihr fortwährendes Misstrauen nicht ausräumen?
- Sie verspüren den Drang, Ihren Partner immer wieder zu kontrollieren?
- Sie können es nicht ertragen, wenn sich Ihr Partner auch anderen Menschen zuwendet, Ihre Eifersucht wird mehr und mehr zur Manie?
- Es fällt Ihnen schwer, Ihre Eifersucht einzugestehen und offen darüber zu reden? Dann ahnen Sie möglicherweise, dass es keinen reellen Grund für Ihre ›Verlustangst‹ gibt!

Können Sie diese Fragen größtenteils mit Ja beantworten? Dann sollten Sie bedenken, dass es nur zwei Möglichkeiten gibt.

1. Sie haben Recht, Ihr Partner missbraucht Ihr Vertrauen und hintergeht Sie. In diesem Fall würde es Ihnen wenig helfen, ihn mit Ihrer Eifersucht zu verfolgen. Er wäre Ihrer Liebe nicht wert, und Sie könnten ihn auch ganz sicher durch Eifersuchtsszenen nicht ändern. Als Lösung bietet sich hier nur eine Trennung oder eine Paartherapie an.
2. Sie haben nicht Recht, für Ihre ständigen Verdächtigungen gibt es keinen Anlass – dann müssten Sie selbst eine Therapie in Betracht ziehen, denn sonst verlieren Sie Ihren Partner früher oder später.

Pathologische Eifersucht hat ihre Wurzeln meist in der Kindheit, mit Ihren Eifersuchtsattacken treffen Sie in Ihrem Partner deshalb den Falschen. Ein Psychotherapeut kann helfen, die Gründe aufzudecken und die Verlustangst zu bewältigen. Sich von diesen Gefühlen zu befreien, verschafft nicht nur Ihrem Partner Erleichterung, sondern vor allem auch Ihnen selbst.

Affirmation: Ich werde geliebt – es gibt genug Liebe für mich auf dieser Welt.

So machen Sie sich selbst wieder glücklich

> Gott hat dir ein Gesicht gegeben,
> lächeln musst du selbst
>
> SPRICHWORT

Im ersten Teil des Buches wurden verschiedene Erscheinungsformen von Liebeskummer behandelt, dazu Tipps gegeben und Übungen vorgestellt, dic im Alltag leicht zu handhaben sind und sofort angewendet werden können.

Im zweiten Teil des Buches werden Rituale, Imaginationen und Meditationen beschrieben, für die Sie etwas mehr Zeit aufwenden müssen. Wenn Ihr Liebeskummer tiefer geht, die Trauer Sie nicht loslässt, Sie mehr Zeit brauchen, um Abschied zu nehmen, können diese Übungen für Sie wertvolle Begleiter sein und Ihnen helfen, Ihr seelisches Gleichgewicht zurückzugewinnen.

Imaginationen

Die Imaginationstherapie ist eine Form der Kurztherapie. Doch nicht nur von Psychologen, sondern immer öfter auch in der Onkologie (Krebsbekämpfung) oder Schmerztherapie werden imaginative Übungen erfolgreich eingesetzt.

Aber was sind Imaginationen eigentlich und wie funktionieren sie?

Wer imaginiert, vergegenwärtigt sich momentan nicht präsente Situationen, Vorgänge, Objekte und Personen. Die Worte *Bild* und *Vorstellung* werden an dieser Stelle bewusst vermieden, weil Imaginationen nicht unbedingt ›bildhaft‹ ablaufen müssen, um wirksam zu sein. Es reicht auch, wenn man sich in eine bestimmte Situation hineinversetzt oder intensiv an sie denkt.

Um zu verstehen, wie Imaginationen funktionieren und wirken, macht man am besten folgenden einfachen Test: *Schließen Sie die Augen. Denken Sie an eine Zitrone. Stellen Sie sich vor, hineinzubeißen!*

Nun, was ist passiert? Sicherlich ist Ihnen das Wasser sauer im Mund zusammengelaufen, so, als hätten Sie tatsächlich in eine Zitrone gebissen.

Der Grund dafür ist, dass das Unterbewusstsein nicht zwischen Vorstellung und tatsächlichem Erleben unterscheiden kann. Und diese Tatsache macht sich die Imaginationstherapie zu Nutze.

Praktische Beispiele gibt es viele. Ein Mensch leidet an einer Brückenphobie, er hat also Angst, über eine Brücke zu gehen. Ein Imaginationstherapeut wird nun mit ihm üben, in der Vorstellung eine Brücke zu betreten und sie zu überqueren. Schafft der Klient es, hat es auf sein Unterbewusstsein dieselbe positive Wirkung, als hätte er es tatsächlich getan. Es verbucht den Vorgang als Erfolgserlebnis, und dem Klienten wird die nächste Übung schon viel leichter fallen. Nach einigen Brückenüberquerungen in der Vorstellung wird der Klient dann auch über eine real existierende Brücke gehen können.

Auch bei Liebeskummer können Imaginationen helfen. Doch bevor Ihnen konkrete Übungen gezeigt werden, sollte man sich zuerst mit einer Imaginationseinleitung beschäftigen.

Ablauf einer Imaginationseinleitung

Die Einleitung zu einer Imagination hat den Sinn, von den tausenderlei Dingen des Alltags gedanklich Abstand zu nehmen und den Blick von außen nach innen zu richten. Es geht dabei nicht zwangsläufig um Entspannung, wie so oft angenommen wird. Imaginieren kann man auch, wenn man nicht entspannt ist. Allerdings ist die Entspannung ein angenehmer und durchaus erwünschter Nebeneffekt.

Üben Sie die Einleitung erst ein paar Mal, denn dann müssen Sie später nicht mehr darüber nachdenken, was als Nächstes kommt und was getan werden muss. Erst wenn alles gut klappt, vertiefen Sie sich in die für Sie wichtige Übung. Eine andere Möglichkeit ist, sich die

Imaginationen von einer Person Ihres Vertrauens sehr langsam und mit ruhiger Stimme vorlesen zu lassen.

Die Imaginationen sind im Du formuliert, so als würden Sie sich den Text selbst vorsprechen.

Imaginationseinleitung:

- Lege dich bequem hin und schließe die Augen.
- Konzentriere dich auf den Solarplexus (er befindet sich unter der Brust, etwa dort, wo beide Rippenbögen zusammenstoßen) und atme dabei ruhig und tief.
- Stell dir vor, bei jedem Einatmen nimmst du neue Energie auf, bei jedem Ausatmen lässt du verbrauchte Energie mit dem Atem ausströmen. Dabei fühlt sich dein Körper warm an und du fühlst dich behaglich. (Hierfür werden etwa fünf Minuten benötigt.)
- Im Anschluss hieran folgt die jeweilige Imaginationsübung.
- Um sie zu beenden, atmet man ganz tief durch, reckt sich, streckt sich und klatscht dreimal in die Hände.

Bewusst Schluss machen

Häufig sind Menschen, die Liebeskummer haben, von ihrem Partner verlassen worden. Meist kommt es plötzlich, man weiß nicht, wie einem geschieht, und hat nicht die Möglichkeit, den eigenen Gefühlen angemessen zu reagieren. Manchmal trifft einen die Trennung so überraschend, dass man überhaupt nicht versteht, was der Partner eben angekündigt hat. Auch in der folgenden Zeit fällt es noch sehr schwer, die Trennung zu akzeptieren und man wartet darauf, dass wieder alles so ist, wie früher.

In solchen Fällen ist es wichtig, noch einmal (diesmal selbst) Schluss zu machen und sich ganz bewusst vom Partner zu verabschieden. Es wäre möglich, den Expartner um ein Gespräch zu bitten, aber es reicht auch, das Ende mit einer Imaginationsübung zu besiegeln.

Imagination: Bewusst Schlus machen

Stelle dir vor, du triffst deinen Expartner. Ihr steht euch in einem neutralen Raum gegenüber und seht euch in die Augen. Nun sage zu ihm: »Was du mir angetan hast, war sehr schlimm, aber ich verzeihe dir. Ich behalte die gute Zeit im Herzen und lass dich gehen. Ich werde mein eigenes Leben leben und wieder glücklich sein.« Dann stehe auf und verlasse den Raum. Ziehe ganz bewusst die Tür hinter dir zu.

Sie könnten Ihrem Expartner natürlich auch persönliche Dinge sagen, wie: »Es hat mir sehr weh getan, dass du mit einer anderen zum Tanzen gegangen bist und dass du gesagt hast, du findest meinen Bauch zu dick«, aber es wäre nicht hilfreicher, im Gegenteil: jedes Aufrechnen, jede Kleinkrämerei und vor allem jedes ›nicht verzeihen wollen‹ ist ein Zeichen, dass man nicht wirklich loslassen will.

Die Bergimagination

Wenn man verlassen wurde, fühlt man sich meist wie in einem tiefen, dunklen Tal. Zwischen einem selbst und einer glücklichen Zukunft liegt ›ein Berg‹, der un-

Bergimagination

Nun stelle dir vor, du stehst vor einem riesigen Berg und siehst hinauf zum Gipfel. Dort droben scheint die Sonne, du weißt, auf der anderen Seite sind die Wiesen grün, die Menschen dort sind glücklich und fröhlich. Der Berg ist hoch, der Weg beschwerlich, doch du wagst es, beginnst mit dem Aufstieg. Immer wenn du glaubst, du hast keine Kraft mehr, ruh dich ein wenig aus. In deiner Tasche findest du eine kleine Flasche mit Heilwasser, im Märchen nennt man es ›Wasser des Lebens‹. Du trinkst davon und machst dich wieder auf den Weg – und du kommst oben an und siehst vor dir auf der anderen Seite des Berges eine weite, sonnendurchflutete Landschaft. Erfreu dich an dem Anblick und genieße, dass es dir gelungen ist, den Aufstieg zu schaffen.

überwindbar scheint. Die beschriebene Imagination kann Ihnen helfen, den Glauben daran zu finden, dass Sie ›über den Berg kommen können‹.

Energie tanken bei Vollmond

Der Vollmond verfügt über eine ganz besondere Energie. Für manche Menschen hat das etwas Bedrohliches, anderen gibt gerade der Vollmond das Gefühl, stark und voller Kraft zu sein.

Liebeskummer zehrt und laugt aus. Man fühlt sich oft kraft- und antriebslos. Mit Hilfe dieser Mondimagination kann man wieder auftanken.

Mondimagination

Suche dir in deiner Vorstellung einen sicheren, angenehmen Platz in der freien Natur. Über dir ist der Vollmond. Stell dir vor, er strömt sein Licht über dich aus. Dieses Licht fällt auf dich herab, und du tauchst ganz hinein – ähnlich, als würdest du in einem Wasserfall baden. Bade in diesem Licht und tanke Energie auf, so lange es dir gut tut.

Deinen Kraftraum aufsuchen

Der Mond macht Ihnen Angst? Dann kann die Kraftraum-Imagination für Sie passender sein. Der persönliche Kraftraum kann ein Zimmer sein oder eine Landschaft. Das Zimmer kann angefüllt sein mit vertrauten Gegenständen oder ganz leer. Die Landschaft kann hügelig sein, von einem Fluss durchzogen, eine Höhle, eine Insel, ein Sandstrand ... Man sollte beim Imaginieren nichts forcieren – lassen Sie einfach nur ein Bild oder ein Gefühl von diesem Raum entstehen.

Kraftraum-Imagination

Stelle dir vor, du betrittst einen Aufzug. Wenn die Tür sich geschlossen hat, drücke auf einen Knopf deiner Wahl. Spüre, wie der Aufzug sich in Bewegung setzt. Er bringt dich sicher zu deinem Kraftraum.
Die Tür öffnet sich, du bist angekommen.
Dein Kraftraum liegt vor dir und du siehst dich eine Weile um. Nun suche nach dem Ort, an dem du dich geschützt fühlst und auftanken kannst. Es kann eine Lichtquelle sein, ein kuscheliges Sofa oder ein Baum in freier Landschaft oder ein magischer Ort, an dem positive Erdstrahlen besonders stark sind. Dort nimmst du Platz, atmest tief durch und ›tankst‹, so lange du möchtest und dich gut fühlst, Kraft, Liebe, Zuversicht.

Die Erde trägt dich

Menschen mit Liebeskummer schweben meist in anderen Sphären. Sie leben in der Vergangenheit, denken an den Partner, träumen vor sich hin, sehnen sich nach unerreichbaren Zielen. Für sie kann es hilfreich sein, wieder mit der Erde in Kontakt zu kommen. Diese Erd-Imagination wird dabei helfen.

Erd-Imagination

Nun stelle dir eine satte, grüne Sommerlandschaft vor und wandere eine Zeit durch diese Landschaft. Nimm eine Hand voll Erde und sauge ihren Geruch ein oder lege deine Hand auf einen Stein und fühle, ob er warm oder kalt, rau oder glatt ist. Wenn du etwas entdeckst, das dein besonderes Interesse erweckt – vielleicht ein Baum mit Früchten, eine Blume, ein Tier, das in der Erde lebt –, verweile, betrachte es genau und von allen Seiten, rieche, schmecke, fühle und versuche, die Dinge ganz zu erfassen. Dann geh wieder weiter. Wenn du einen Platz findest, der besonders schön ist und wo du dich geborgen fühlst, lege dich auf die Erde und spüre sie. Nimm ihre Kraft auf und fühle, wie stark dich das macht.

Der Wasserfall – sich reinigen von allem was belastet

Wasser-Imagination
Stelle dir vor, du gehst zu einem Wasserfall. Zieh dich aus und stelle dich unter den Wasserfall. Lass dich abspülen und gib dem Wasser alles mit, was du loslassen möchtest. Stelle dir vor, dein Liebeskummer und all die trüben Gedanken werden einfach weggeschwemmt.

Rituale

Die bei uns bekanntesten Rituale sind Hochzeits- oder Beerdigungsrituale, Taufen, Firmungs- oder Konfirmationsrituale. Aber auch in den Alltag haben wir – bewusst oder unbewusst – Rituale integriert. Der Kuss am Abend vor dem Einschlafen oder am Morgen zum Abschied, die Tasse Kaffee um zehn Uhr, der sonntägliche Kirchgang – auch das Anlegen anderer Kleidung, wenn man nach erledigter Arbeit nach Hause kommt, kann ein tägliches Ritual sein, um den Feierabend einzuleiten. Rituale müssen nicht immer dramatisch sein und mit großem Tamtam vollzogen werden. Auch die kleinen alltäglichen Rituale bringen Festigkeit und Geborgenheit in unser Leben, helfen, Werte bewusst zu machen, Traditionen zu pflegen oder Hinderliches loszulassen. Sie unterstützen Sie aber auch bei Übergängen in eine andere Lebenssituation, so wie es nach Trennungen der Fall ist.

Die alte Liebe loslassen – ein Erdritual

Wenn man die Trennung für sich innerlich akzeptiert hat, fehlt oft noch ein äußeres Zeichen, um die Trennung endgültig zu vollziehen. Ein solches äußeres Zeichen kann man als Ritual vollziehen. So können Sie beispielsweise einen Pullover Ihres Partners, den Sie vielleicht selbst für ihn gestrickt haben und den er gerne und oft getragen hat, als äußeres Zeichen für die Trennung verwenden. Vielleicht haben Sie ihn nach der Trennung selbst noch als Erinnerung an Ihren Partner und die gemeinsam verlebte Zeit getragen. Wenn Sie die Trennung für sich endgültig vollzogen haben, können Sie diesen Pullover nun der Erde übergeben und so Ihre Partnerschaft und die Hoffnung auf eine gemeinsame Zukunft endgültig begraben. Heben Sie ein ›Grab‹ aus, legen Sie den Pullover hinein und sagen Sie feierlich: »Ich lasse dich jetzt gehen. Ich habe genug gelitten und will wieder fröhlich und glücklich sein.« Dieses Ritual können Sie natürlich mit jedem beliebigen Gegenstand machen, mit dem Sie Ihren Partner oder Ihre gemeinsame Zeit verbinden.

Die alte Liebe loslassen – ein Feuerritual

Eine andere Möglichkeit, sich von einer alten oder aussichtslosen Liebe zu befreien, birgt folgendes Ritual:

Schreiben Sie alles, was Sie Ihrem Expartner oder heimlich Geliebten noch zu sagen haben auf ein Blatt Papier. Falls es eine gemeinsame Zeit gab, schreiben Sie auch auf, was Sie an dieser Beziehung gut und was Sie schlecht fanden, und dann bedanken Sie sich für die Zeit und verbrennen Sie diesen Zettel im offenen Feuer. Sagen Sie dazu: »Ich übergebe dir (dem Feuer) was ich nicht mehr brauche und bitte dich, es für mich zu etwas Neuem zu verwandeln.« Sagen Sie auch das dreimal, denn was dreimal gesagt ist wird wahr. Das ist kein Hexenzauber, sondern eine alte Erfahrung, denn das Unterbewusstsein braucht die Wiederholung.

Es dem Fluss mitgeben

Bauen Sie sich aus Holz eine Art Schiff – eine runde, eckige oder ovale Holzplatte mit einem aus dicker Pappe aufgezogenen Rand von fünf Zentimetern oder eine Zigarrenkiste aus Holz genügt vollkommen. Füllen Sie Ihr Schiff mit bunten Blumen, setzen Sie ein Teelicht mit einem Windschutz darauf und legen Sie einen Zettel hinein, auf dem Sie mit wenigen Worten ausdrücken, was Sie in Ihrem Leben verändern, erneuern oder loslassen wollen, beispielsweise: »Ich danke dir für die gute Zeit an deiner Seite, aber nun will ich wieder nach vorne blicken und mein Leben selbst in die Hand nehmen.«

Dann fahren Sie in der Vollmondnacht zu einem Fluss oder See und geben Sie Ihr Schiff mit einem kräftigen Schubs dem Wasser mit. Sie sollten sich vorher schon eine Stelle aussuchen, an der Sie das Ufer leicht und gefahrlos erreichen können.

Sie werden Ihr Schiff dank der Kerze, die Sie angezündet haben, noch sehr lange sehen können. Bleiben Sie in Gedanken bei sich selbst und dem Vorhaben, das auf Ihrem Zettel steht.

Meditation – ein Weg zur eigenen Mitte

Menschen, die an Liebeskummer leiden, haben sich ein Stück weit selbst verloren. In Gedanken sind sie beim anderen, all ihr Sehnen und Denken ist auf den Geliebten oder die Geliebte gerichtet. Doch der Expartner ist kein Heilmittel für den Schmerz, und käme er nur aus Mitleid zurück, wäre nichts gewonnen. Um wieder glücklich zu werden und auch ohne den verlorenen Partner einen Sinn im Leben zu finden, ist es wichtig, bei sich selbst anzukommen – und dabei kann die Meditation sehr hilfreich sein.

Während Imaginationen mit der Fülle arbeiten – Bilder, die dem Unterbewusstsein entspringen –, wirkt bei der Meditation die Leere. Diese Leere kann durch stilles Sitzen und Nichtdenken erreicht werden, aber auch durch Rhythmen, wie beispielsweise das Trommeln der Schamanen, oder Bewegung und Tanz.

Sie sehen, es gibt eine Vielzahl von Möglichkeiten zu meditieren, nicht immer muss man dabei still sitzen. Welche Form der Meditation man für sich wählt, liegt letztlich am eigenen Temperament.

Praktische Tipps zur Stillen Meditation

Stille Meditationen sind für viele Menschen deshalb so schwierig, weil wir in unserer Gesellschaft zu ›Machern‹ erzogen sind. Mit Hektik können wir umgehen, mit der Stille und der absoluten Ruhe nicht.

Grundsätzlich sollten Sie dafür sorgen, dass Sie für Ihre Meditation Zeit und vor allem Ruhe haben. Sie sollten sicherstellen, dass Sie von außen für die Zeit während der Meditation nicht gestört werden, beispielsweise am frühen Morgen. Ihr Körper sollte sich ebenfalls in einer Ruhephase befinden, das heißt, Sie sollten möglichst keine Aufputschmittel wie Alkohol oder Nikotin zu sich genommen haben und Ihr Magen sollte während der Meditation möglichst nicht mit der Verdauung beschäftigt sein. Ein Wecker wird Ihnen helfen, die für die Meditation angedachte Zeit einzuhalten, ohne ständig den Blick auf der Uhr haben zu müssen.

Und so gehen Sie vor:
Nehmen Sie sich zweimal zehn Minuten. Stellen Sie die Zeituhr zuerst auf zehn Minuten ein. Meditieren Sie. Nach dem Klingeln der Uhr atmen Sie tief durch, kreisen Sie sanft den Kopf, stehen Sie auf und gehen Sie einige Male hin und her, dann setzen sie sich wieder (Zeituhr einstellen) und schließen die Augen für die zweite Meditationseinheit. Wenn Sie geübt sind, können Sie natürlich auch 20 Minuten oder länger ohne Unterbrechung meditieren.

Auch wenn Ihnen die Zeit am Anfang sehr lange erscheint, hören Sie nicht einfach auf, sondern gehen Sie ein kleines Stück über Ihre persönliche Schmerzgrenze, erst dann brechen Sie, wenn unbedingt nötig, ab. Beim nächsten Mal wird es schon besser gehen.

Wichtig ist, die Wirbelsäule gerade zu halten, damit die Energie fließen kann. Wer damit Probleme hat oder nicht so lange im Lotussitz, Kniesitz oder Schneidersitz verharren kann, darf sich auch auf einen Stuhl mit Lehne setzen.

Beim Stuhlsitz sollten Sie locker und bequem sitzen, aber mit geradem Rücken. Die Handrücken liegen dabei auf den Oberschenkeln. Die Beine sind angewinkelt, die Füße haben Kontakt mit dem Boden und stehen etwa einen Fußbreit auseinander.

Nun schließen Sie die Augen und lassen Sie alles nur geschehen. Machen Sie sich keine Gedanken darüber, ob Sie es richtig machen, ob Sie gut oder schlecht sind. Es ist nicht wichtig, Sie können nichts falsch machen.

Wenn Gedanken kommen – und dies wird oft geschehen –, dann hängen Sie ihnen nicht nach, sondern verabschieden Sie sich von ihnen und lassen Sie sie einfach weiterziehen, wie eine Wolke am Himmel. Versuchen Sie nicht, bei der Meditation etwas zu erzwingen. Lassen Sie sich einfach los, wie ein Ruderboot, das ohne Ruder auf dem Fluss dahingleitet.

Sollten Sie doch einmal gestört werden und müssen Sie die Meditation unterbrechen, lassen Sie sich Zeit. Springen Sie nicht einfach auf, sondern dehnen Sie sich, atmen Sie einige Male tief durch, erst dann erheben Sie sich langsam.

Ganz sicher werden Sie schon nach einigen Übungen merken, wie schön es ist, nach all dem Kummer und Herzeleid für eine Weile wieder ganz bei sich selbst zu sein.

Stille Meditation im Liegen

Legen Sie sich flach auf die Erde, spreizen Sie Arme und Beine ab und schließen Sie die Augen. Gönnen Sie sich 20 Minuten. Fühlen Sie einfach nur den Kontakt zur Erde, und versuchen Sie, nichts zu denken. Gedanken, die kommen, nehmen Sie wahr und lassen

Sie einfach wieder gehen, wie eine Wolke, die vorüberzieht.

Diese Meditationsübung ist besonders schön in freier Natur. So werden Sie auch für den Alltag lernen, traurige Gedanken an eine unerfüllte Liebe ziehen zu lassen und sich anderen Dingen zu widmen.

Stampfen – eine Körpermeditation

Stampfen ist etwas Wunderbares. Es schafft Kontakt zur Erde, Standfestigkeit, und oftmals lockert sich nach einer Weile auch die Wut oder die Trauer, die uns blockiert. Dann tut es vielleicht gut zu schreien, zu singen, zu lachen oder auch zu weinen. In so einem Fall geben Sie Ihrem Bedürfnis einfach nach.

Besorgen Sie sich eine CD oder Kassette mit Trommelmusik, legen Sie diese Musik auf, und stampfen Sie einfach los. Welchen Rhythmus Sie wählen, ist ganz alleine Ihre Sache. Wichtig ist, die eigene Scheu zu überwinden und für zehn oder 20 Minuten wirklich kräftig in den Boden zu stampfen. Danach bleiben Sie mindestens fünf Minuten einfach mit geschlossenen Augen und leicht gebeugten Knien stehen, lassen Kopf und Arme hängen und fühlen Ihren Körper. Sie werden feststellen, wie er vibriert und wie fest Sie auf einmal mit der Erde verwachsen sind.

Für die praktische Umsetzung sollten Sie aufgrund der Lärmintensität allerdings auch an Ihre Mitmenschen denken. Wenn Sie nicht im Parterre wohnen, sollten Sie sicher sein, dass Ihre unteren Nachbarn nicht zu Hause sind. Sind sie doch zu Hause, dann nehmen Sie einen Kassettenrecorder mit und suchen Sie sich irgendwo draußen ein ruhiges, passendes Fleckchen. Oder besuchen Sie eine Freundin, die einen Garten hat. Aber auch ohne Musik lässt sich gut stampfen!

Loslassen im warmen Wasser – eine Körpermeditation

Wenn Sie das Glück haben, in der Nähe eines Thermalbades zu wohnen, nehmen Sie sich eine Person Ihres Vertrauens mit und lassen Sie sich von dieser Person auf beiden Armen, als wären Sie ohnmächtig, 20 Minuten im warmen Wasser herumtragen. Schließen Sie dabei die Augen, denken Sie nicht, sondern fühlen Sie nur. Ihr Begleiter hat darauf zu achten, dass Ihr Körper ganz mit warmem Wasser bedeckt ist, Sie aber keinesfalls mit dem Gesicht unter Wasser tauchen. Wenn die 20 Minuten vorbei sind, stellen Sie sich vorsichtig hin. Sie werden sich fast schwerelos fühlen. Stampfen Sie ein wenig, um wieder Bodenkontakt zu bekommen, und lassen Sie sich Zeit, um wieder ganz in dieser Welt anzukommen. Und dann tauschen Sie auch mal, dass Ihr Begleiter ebenfalls in den Genuss dieser wunderbaren Übung kommt.

Übrigens ist man im Wasser viel leichter! 20 Minuten tragen ist kein Problem. Man kann aber auch eine Schaumstoffrolle unter den Nacken und in die Kniekehlen legen, so dass man auch ohne fremde Hilfe auf dem Wasser treiben kann, und der Übungspartner schiebt und zieht einen sanft hin und her.

Ein Gruß zum Schluss

All diese Übungen und Tipps sind lediglich als Vorschläge gedacht. Es geht nicht darum, dass Sie einen Imaginationsvorschlag oder ein Ritual bis ins kleinste Detail befolgen. Es geht vielmehr darum, einmal ganz bewusst die Kraft des Mondes oder der Erde zu erleben, sich zu reinigen oder sich mit einem klaren Wort von einem Partner oder einer Lebenssituation zu verabschieden. Und es geht vor allem darum, sich Zeit für sich zu nehmen und sich etwas Gutes zu tun.

Dieses Buch hat Ihnen eine Fülle von Anregungen gegeben, die Ihnen helfen können, Ihren Liebeskummer zu überwinden. Was davon gerade für Sie das Richtige ist, können nur Sie selbst herausfinden. Jeder Mensch hat seinen eigenen Rhythmus, sein eigenes Tempo, sein eigenes Temperament.

Ein letzter Rat an Sie: Achten und lieben Sie sich, dann wird es bald auch wieder ein anderer tun!

Wo Sie Hilfe bekommen können

Wenn der Liebeskummer ganz schlimm ist und Sie keinen Ausweg mehr sehen, vielleicht sogar Selbstmordgedanken hegen, wenden Sie sich an die Telefonseelsorge: 0800/1110111 oder 0800/1110222 (bundesweit kostenlos).

Speziell für Jugendliche mit Liebeskummer gibt es die Kummernummer 0800/1110333 (bundesweit kostenlos).

Auch Pro Familia hilft Jugendlichen mit Liebeskummer: Die Telefonnummer finden Sie im örtlichen Telefonbuch oder bei der Auskunft (nur in größeren Städten) oder Sie informieren sich im Internet: www.profamilia.de – hier Thema Liebeskummer anklicken.

Internetlinks zu Foren:
www.liebesschmerz.de
www.trennungsschmerzen.de
www.liebeskummer.ch
www.eifersucht.ch

Wenn Sie sich an einen Therapeuten wenden wollen, aber nicht wissen, wie Sie eine geeignete Adresse ausfindig machen können, fragen Sie einfach bei Ihrer

Krankenkasse nach, dort führt man eine Therapeutenliste.

Auch eine Selbsthilfegruppe kann sinnvoll sein. Hier kommen Betroffene zusammen, um über ihre Probleme zu sprechen, Erfahrungen auszutauschen und sich gegenseitig beizustehen. Man hat Verständnis, weil jeder schon einmal in derselben Situation war oder immer noch ist.

Um herauszufinden, ob es eine geeignete Selbsthilfegruppe in Ihrer Nähe gibt, wenden Sie sich an NAKOS, Albrecht-Achilles-Straße 65, 10709 Berlin, oder schicken Sie ein Fax an die Nummer 030/8934014.

Sollte es keine Selbsthilfegruppe in Ihrer Nähe geben, können Sie auch selbst eine gründen. Über eine Annonce finden sich sicher schnell Gleichgesinnte. Hilfestellung zur Gründung einer Selbsthilfegruppe gibt es ebenfalls bei NAKOS.

Weitere sinnvolle Adressen und Links

Sie erinnern sich: Lachen macht gesund! Aus dieser Erkenntnis heraus wurde das so genannte Lach-Yoga entwickelt. Lachen wird dabei absichtlich provoziert und von pantomimischen Gesten und Atemübungen begleitet. Witze braucht es dazu nicht, denn das Lachen kann durchaus künstlich herbeigeführt werden.

Beim Verband der Lach-Yoga-Therapeuten e.V. in Köln bekommen Sie die Adresse eines Lachtherapeuten in Ihrer Nähe. Die Internetadresse ist www.hoho-haha.de/hoho-haha.html.

Wenn Sie mehr über die Autorin wissen wollen, lesen Sie nach unter www.buecher-von-angeline-bauer.de

Die Autorin

Angeline Bauer, geboren 1952, Ausbildung zur klassischen Tänzerin. Seit 1982 hauptberuflich Autorin.

Als Sachbuchautorin beschäftigt sie sich vor allem mit den Themenbereichen Psychologie im Märchen, Heilkräuter und Gesundheit.

Nach Abschluss verschiedener Ausbildungen zur Erwachsenenbildnerin leitete sie von 1991 bis 1999 auch eine Praxis für Psychologische Beratung, in der sie verschiedene Techniken der Imaginationstherapie anwandte. Die Imaginationstherapie stützt sich auf Symbolik, Mythologie, Märcheninhalte und Traumdeutung. Seit ihrem Umzug nach Süddeutschland arbeitet sie wieder vermehrt als Autorin und hält nebenbei Seminare und Vorträge.